用文字照亮每个人的精神夜空

渭城朝雨浥轻尘,客舍青青柳色新。
劝君更尽一杯酒,西出阳关无故人。

王维《送元二使安西》

灞桥折柳

中国古代行旅生活

王子今 著

ⓒ 王子今 2025

图书在版编目(CIP)数据

灞桥折柳：中国古代行旅生活 / 王子今著 . —
大连：大连出版社，2025.1. — (古人的小日子).
ISBN 978-7-5505-2289-3

Ⅰ . F592.9
中国国家版本馆 CIP 数据核字第2024VV4954号

BAQIAO ZHELIU：ZHONGGUO GUDAI XINGLÜ SHENGHUO
灞桥折柳：中国古代行旅生活

出 品 人：王延生
责任编辑：于凤英 安晓雪
图片编辑：宽　堂
装帧设计：凌　瑛
责任校对：檀　月
责任印制：刘正兴

出版发行者：大连出版社
　　地址：大连市西岗区东北路161号
　　邮编：116016
　　电话：0411- 83620245/83620573
　　传真：0411- 83610391
　　网址：http://www.dlmpm.com
　　邮箱：dlcbs@ dlmpm.com
印刷者：北京金特印刷有限责任公司

幅面尺寸：115mm×185mm
印　　张：7
字　　数：118千
出版时间：2025年1月第1版
印刷时间：2025年1月第1次印刷
书　　号：ISBN 978-7-5505-2289-3
定　　价：52.00元

版权所有　侵权必究
如有印装质量问题，请与印厂联系调换。电话：010-68661003

战国时期可随身携带的铜印

范宽《溪山行旅图》

郭熙《秋山行旅图》（局部）

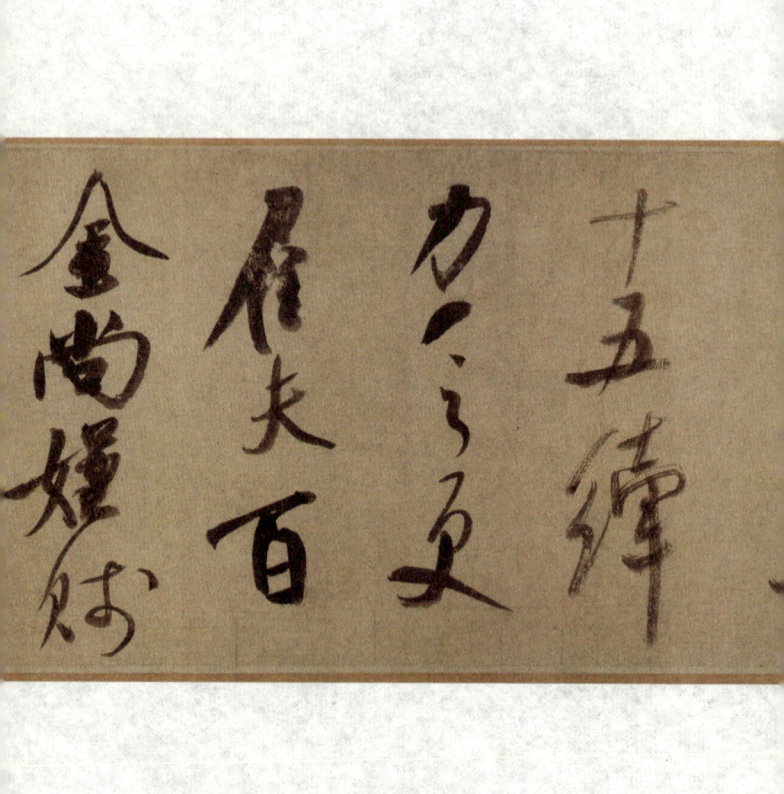

十五緯
力士三十人
雁夫百
金尚煙婦

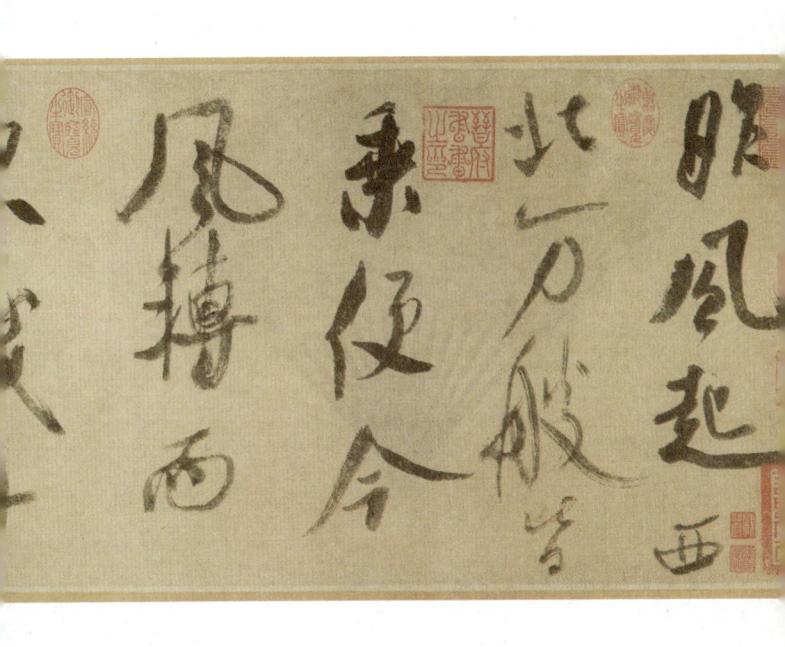

米芾《吴江舟中诗卷》(局部)

唐寅《秋山行旅成扇》

佚名《寒山行旅》（局部）

佚名《玄奘三藏像》

序

人们平时常常用"衣食住行",也就是穿衣、饮食、住居、出行,来概括社会物质生活的基本内容。

"行旅",一般是指历时较久、行程较远的出行活动。

古代中国文明长期以来一直建立在以小农为经营主体的自给自足的自然经济的基础之上,从而导致形成了相对封闭的文化传统,也曾经形成了对"行旅"活动存有某种消极偏见的生活观念。

《老子》一书中所描绘的理想社会的蓝图,是以"安其居,乐其俗。邻国相望,鸡犬之声相闻,民至老死不相往来"这种彼此严重隔绝的社会生活为标志的。晋代名士陶渊明的《桃花源记》对于"与外人间隔"的所谓"桑竹垂余荫,菽稷随时艺"的社会生活环境的记述,也寄托着大体相同的梦想。与此相应的淡漠交往、厌畏出行的习尚,似乎久已成为中国传统社会生活的重要特色之一。

尽管民间行旅在传统中国古代的社会生活总体中居于相对次要的地位,但是行旅促进社会文明成熟、推动历史进步的积极意义仍然是显而易见的。

据说民间原本通行以"衣食住"作为主要生活形式的说法,后来孙中山先生有感于近代世界交通与交往作用之重要,力倡加入"行"字,于是始有"衣食住行"之说。其实,早在先秦时代,《荀子·修身》中已经可以看到这样的说法:"食饮、衣服、居处、动静,由礼则和节,不由礼则触陷生疾。"大意是说,日常生活的各个方面,都应当遵循"礼"的规范,如此方能和谐有序,否则就会导致祸患。这里所说的"食饮、衣服、居处"自然也就是"衣食住",而所谓"动静",与"行止"含义相近。这可以由《周易·艮》中的一段话得到说明:"时止则止,时行则行,动静不失其时,其道光明。""行"和"止","动"和"静",都要合乎时宜,这样才可能接近理想境界的实现。当时人所说的"动"或者"行"的含义,其实是包括行旅活动的。也就是说,在中国人的传统意识中,行旅生活在社会生活总体中的地位,似乎并没有完全受到漠视。

汉代字书《说文解字》中《行部》写道,所谓"行",是说"人之步趋"。同书《方部》又说到"旅"的词义。清代学者段玉裁在对《说文解字》所作的注释中对"旅"做了这样的解释:一般所说"行旅"的"旅",最初可能取义于远行途中可以提供寄居与饮食条件的处所"庐"。

这种意见，可能是正确的。汉代学者郑玄为《周礼·地官·遗人》作注释时也曾经说，"羁旅"，是指"过行寄止"的人。《诗经·大雅·公刘》赞颂周人先祖艰苦创业的功绩，有"京师之野，于时处处，于时庐旅"的诗句，说京师四野繁荣富庶，民众住居有安定的处所，行旅往来也有便利的条件。参看下文所说的"于时言言，于时语语"，推想"于时"四句的句式应当一致，也就是"庐旅"和"处处""言言""语语"同样，因而可以知道"庐"与"旅"的意义可能确实相通。《周礼·地官·遗人》说道，当时曾经实行"凡国野之道，十里有庐，庐有饮食"的交通制度，政治中心和僻远之地都有道路相通，每隔十里，设置有所谓"庐"，"庐"可以为行旅者提供饮食、休息的条件。

《周易》六十四卦中有题名为"旅"的内容，历代为它作注释、解说的学者大多认为和"行旅""寄旅""客旅"有关。《正义》解释说，"旅"，是指"客寄"和"羁旅"，离开本来的居地而寄住他方，就叫作"旅"。

据《孟子·梁惠王上》记载，孟子在和齐宣王讨论政治方针时说道，"今王发政施仁，使天下仕者皆欲立于王之朝，耕者皆欲耕于王之野，商贾皆欲藏于王之市，行旅皆欲出于王之涂，天下之欲疾其君者皆欲赴愬于王。其若是，孰能御之？"大意是说，现在君王如果能够改革政治，

3

施行仁政，使天下志愿从政的人都想到齐国来做官，农人都想到齐国来种地，商人都想到齐国来做买卖，行旅之人都想取道齐国往返，各国怨恨其君主的人都想到齐国来倾诉不同政见，如果这样，就可以无敌于天下。孟子这里所说的"行旅"，是指旅人。在孟子的眼中，他们已经可以和"仕者""耕者""商贾"相并列了。

用"行旅"指代旅人的实例，我们又可见于《初学记》卷二八引魏文帝曹丕《柳赋》所谓"四马望而倾盖兮，行旅仰而回眷"，孟浩然《夜渡湘水》诗所谓"行旅时相问，浔阳何处边"等。但是一般所说的"行旅"，却依然大多是指行旅之人的行旅活动。比如，《文选》卷二五谢瞻《答灵运》诗中"叹彼行旅艰，深兹眷言情"，以及韩愈《酬裴十六功曹巡府西驿途中见寄》诗中"遗我行旅诗，轩轩有风神"等，其中"行旅"的意义，已经和今天通行的说法相近。

古语"旅行"，词义原本是指结伴而行。例如《礼记·曾子问》说，"三年之丧，练，不群立，不旅行"。也有称行旅之人为"旅行"的。例如，《太平广记》卷三二六引《异闻录》，记述了在北周任上柱国之职的沈警往秦陇执行使命，途中经过张女郎庙，"旅行多以酒肴祈祷"，于是酌水相祝，宿于"传舍"时，又望月感怀，赋词为歌,"稍遣旅愁",而得以与神女相会的故事,这里所谓"旅行",正是指旅人。

大约从唐代起,"旅行"一语有时已经具有和现代习用语相接近的含义。唐代诗人耿湋《客行赠人》诗写道:"旅行虽别路,日暮各思归。"欧阳詹的《南阳孝子传》也有"贞元九年,某旅行虢州"的文句。

回顾中国古代的行旅生活,除了可以更为真切地了解许多生动具体的历史事实之外,又能够看到一幅幅绚丽多彩的风俗画卷,领略其中隽永幽婉的意趣风致。应当说,古代社会生活的这一侧面,反映了中国历史文化的若干重要特色。

拂去描绘中国古代行旅生活的画面上那岁月的风尘,我们不仅可以体味游侠的剑气与雄风、儒客的清雅与穷蹇、行贾的劳碌与精巧、旅宦的骄盈与怨恚,而且可以发现,甚至以"安土重迁"作为基本生活原则的农人,被迫充任征人和役人,也不得不在行旅途中经历愁苦与辛劳。历史上的流民活动,其实也可以看作大规模的群体行旅活动。这种大规模的长途迁徙,往往掀动起激荡千里风雷的社会大变乱。

中国古代行旅生活既多深重的悲苦,又多奇逸的欢愉,既多痛切的艰辛,又多积极的创益,从中既可以体察古人复杂的感情色彩，探究其曲折的人生轨迹，又可以透视我们民族文化的某些特质。应当说，行旅生活，在中国历史人文景观中具有值得予以充分重视的意义。

当然，我们今天已经不可能毫厘不爽地重新展现古代行旅生活的全貌，但是通过零散纷杂的历史资料大略了解它的若干特点，对于全面认识中国古代社会生活的面貌仍然是一件有意义的事。

目 录

1	行旅的心理准备
19	行装与旅费
26	行旅送别礼俗
41	行旅方式种种
78	旅食与旅宿
102	行程与行速
119	行李与行具
140	行旅的安危
160	行旅生活百味
179	旅人的精神寄寓
189	软脚·洗尘·接风
198	主要参考书目

范宽《溪山行旅图》（局部）

行旅的心理准备

中国传统社会生活在许多方面都表现出浓重的东方神秘主义的色彩。其中与行旅生活相关的某些礼俗，也具有这样的特色。古人在踏上旅途以前，有若干需要认真遵行的礼仪规范，其中有些规范，曾经长期成为社会生活的某种定式。我们通过对这一现象的分析，可以了解"行旅"在古人精神生活中的意义。

1. 卜行择吉

古时有出行占卜择吉的风习，体现出行旅生活开始时心理准备的庄重和严肃。

古人用火烧灼龟甲或兽骨，根据裂纹的走向来预测未来的吉凶，叫"卜"。又有用蓍草测问吉凶的，叫"筮"。类似的形式，不同地区、不同部族都有，正如司马迁在《史记·龟策列传》中所说，"蛮夷氐羌"等文明进程相对落后的部族，虽然还没有"君臣之序"，然而也流行"决疑之卜"，或者用金石，或者用草木，"国不同俗"。

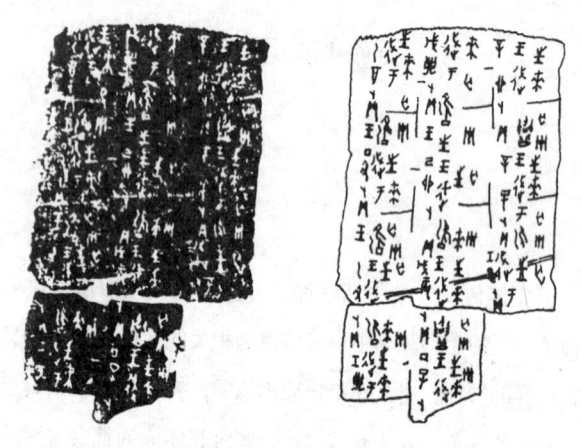

出现"往来亡（无）灾"字样的甲骨卜辞

在殷墟甲骨卜辞中多有卜行内容，也就是卜问征伐、畋游等出行活动之吉凶的内容。例如"贞：勿行出？贞：行出？"（《乙》7771）"往来亡（无）灾？"（《前》2.22.5）等，都可以反映类似的情形。

据说古时帝王有五年一巡狩的制度，必须先卜问出行吉凶，五年五卜，连续得到吉兆才可以启程。《左传·襄公十三年》说："先王卜征五年，而岁习其祥，祥习则行，不习则增修德而改卜。"如果不能卜得吉兆，则应当进一步修养德行，推行德政，再重新卜问。《左传·文公十三年》所谓"卜迁"也就是卜问迁徙的吉凶，以及《左传·襄公二年》所谓"卜追"也就是卜问追逐的吉凶,也都反映出行之前卜问吉凶的礼俗。

《韩非子·亡征》中曾经指出"用时日,事鬼神"的危害。汉代思想家王充《论衡》一书中的《四讳》《诘时》《讥日》《辨祟》《难岁》诸篇,也都批判了有关的迷信方术。不过,我们可以看到,卜行的做法仍然长期得以流传。汉代文学家张衡的《东京赋》中可以看到"卜征考祥,终然允淑。乘舆巡乎岱岳,劝稼穑于原陆"的文句。说"卜征"得到吉兆,帝王的车队于是出巡远行,前往泰山行祭祀之礼,沿途督察勉励农耕生产的进行。南朝宋人颜延之的《车驾幸京口侍游蒜山作》诗也写道:"岳滨有和会,祥习在卜征。"说明卜行作为正式的礼仪制度,沿用年代相当久远。

《汉书·儒林传·梁丘贺》记载了这样一个故事,汉宣帝准备前往昭帝庙主持祭祀之礼,出行前,忽然车队仪仗前列担任先驱的骑兵有一把佩剑坠落,插入泥中,剑刃正对皇帝的乘车,驾车的马因此而受惊。于是召梁丘贺用蓍草占问,结果判定为出行"不吉"。汉宣帝于是回宫,改派主管官员去主持祭祀。历史上这种根据出行之前偶然的先兆预测吉凶的事例,还可以看到许多。例如,《魏书·徒何慕容垂传》记载,慕容宝来到幽州时,他所乘车辆的车轴，忽然无故自行折断，"占工靳安"以为是"大凶"之兆，竭力劝他返回，慕容宝怒而不从。车轴无故折断，被专门从事占卜的"占工"看作是行旅"大凶"的征兆。慕容宝不听从立即返回的劝告，后来果然败亡。

《晋书·艺术列传·严卿》写道，会稽人严卿善于卜筮，同乡魏序准备前往东方旅行，因为时当荒年，沿途多有强盗劫夺。于是请严卿卜筮，测问行旅途中是否安全。严卿占卜之后告诉他，切不可往东方行进，否则必然遭遇"暴害之气"。魏序不相信他的话。严卿又说，如果执意坚持成行，须索求西城外没有后代的老妇家中白色的公狗系在船前，这样也可以消减祸患。魏序只找到毛色斑杂的狗，严卿虽然以为并不理想，但是说如此已经能够避免灾害，只是家中的六畜可能还要受到损伤。后来果然当魏序行旅至于中途时，狗突然暴死，庄园中的几只白鹅也无故自死，而魏序全家幸而无恙。故事本身虽然近于怪异，却可以说明行旅之前卜问吉凶，在民间也曾经形成风气。

古代有行旅择吉的形式。择吉，就是选择吉日，如《史记·封禅书》中所说的"择吉月日"。

这种慎重择定出行日期的民间习俗，有着非常久远的历史。

1975年12月，考古工作者在湖北云梦睡虎地发掘了十二座战国末期至秦代的墓葬，其中11号墓出土了大量秦代竹简。睡虎地秦简计有十种文书，其中包括《日书》甲种和《日书》乙种。《日书》是为人们确定时日吉凶，以便行事择吉避凶的数术书。学者们指出，秦简《日书》具有丰富内涵，是认识当时的思想文化，考察当时的社会生活的重要资料。[1]

睡虎地秦简《日书》中可以看到不少涉及当时行旅的文字。其中大多是行归宜忌的内容。例如，我们可以看到某日"利以行"（7正二），某日"行吉"（5正二），某日"不可以行"（9正二），"凡此日不可以行，不吉"（134正）以及"是日在行不可以归，在室不可以行，是日大凶"（108背）等记载。在总计425支简中，文字涉及行归宜忌者多达151支，占35.5%。不仅其数量十分可观，其禁忌之繁杂尤其惊人。如果简单地加以累计，其中列举的行归忌日凡14种，日数总计超过335日，排除各种重复，全年行归忌日仍然超过151日，占全年总日数的41.3%。由此可以看到当时民间出行禁忌的苛严。虽然睡虎地秦简《日书》包括分别属于秦人和楚人的两套数术系统，民

---

[1] 李学勤：《睡虎地秦简〈日书〉与楚、秦社会》，《江汉考古》1985年第4期；《日书》研读班（导师：林剑鸣）：《日书：秦国社会的一面镜子》，《文博》1986年第5期。

云梦睡虎地秦简《日书》甲种"归行"

间未必全面严格遵行，但是我们仍然可以了解到当时人们的行旅生活明显受到来自神秘主义观念的多重限制的情形。

与云梦睡虎地秦简《日书》年代相近的天水放马滩秦简《日书》中，也有类似的关于行归宜忌的内容。[1]

尽管战国秦汉时代是交通事业得到空前发展的历史阶段，然而在战国晚期至秦统一初，人们的出行活动所受到的多方面的限禁，已经体现于当时社会民俗文化的若干现象之中，考察中国古代的行旅生活，不能不注意这样的历史背景。

刊行于明朝天启年间的短篇小说集《喻世明言》，卷一就是《蒋兴哥重会珍珠衫》。其中写道，蒋兴哥新婚，正是男欢女爱、难分难舍之时，"一日间想起父亲存日广东生理，如今担阁三年有馀了，那边还放下许多客帐"，"欲要去走一遭"，对妻子说，"我夫妻两口，也要成家立业，终不然抛了这行衣食道路？如今这二月天气，不寒不暖，不上路更待何时？"于是"拣了个上吉的日期"，"两下掩泪而别"。这里所谓"拣了个上吉的日期"，其实正是民间注重行旅择吉风俗的写照。《儒林外史》第十九回《匡

---

1 何双全：《天水放马滩秦简综述》，《文物》1989年第2期。

《喻世明言》书前版画《蒋兴哥重会珍珠衫》（明末衍庆堂刊本）

超人幸得良朋　潘自业横遭祸事》说，匡超人"正要择日回家"，又被友人邀到酒店吃酒。这里所说的"择日"，也是指择定行旅的吉日。另外，《红楼梦》第四十八回《滥

情人情误思游艺　慕雅女雅集苦吟诗》也写道，薛蟠准备外出做买卖，薛姨妈嘱托张德辉照管，"张德辉满口应承，吃过饭告辞，又回说：'十四日是上好出行日期，大世兄即刻打点行李，雇下骡子，十四日一早就长行了。'"择定"上好出行日期"，对于此行是否安全顺利，似乎有着重要的意义。第九十七回《林黛玉焚稿断痴情　薛宝钗出闺成大礼》又写道："恰是明日就是起程的吉日，略歇了一歇，众人贺喜送行。"可见行旅择吉，在民间确实是十分普及的风习。这种传统民俗，直到近世仍然有相当广泛的影响。曾经在社会上普遍通行的《皇历》（又称作《黄历》）中，往往可以看到明确规定某日"宜出行"、某日"忌出行"的内容。[1]

在中国古代，常常可以看到严格按照这种规范安排行旅生活的情形。某些走向极端以至近于偏执的态度，现在的人们当然已经难以理解。比较典型的事例，有《颜氏家训·杂艺》中批评民俗迷信之"验少妄多"时所说到的："至如反支不行，竟以遇害；归忌寄宿，不免凶终。拘而多忌，亦无益也。"按照古代星命数术之说，"反支"日是

---

[1] 我们看到一种广东印行的1994年年历，其中列有"宜出行"日计106日，"忌出行"日计65日，另有"忌行舟"日、"忌行船"日各1日。

孙温绘《红楼梦》第九十七回插图

多有禁忌的凶日。睡虎地秦简《日书》中有"反枳"日。《潜夫论·爱日》曾经说到汉明帝时公车以反支日不受章奏的制度，同样的记述又见于《后汉书·王符传》。李贤注释时引述《阴阳书》中"反支"日日次，和秦简《日书》中有关"反枳"日的内容完全一致。临沂银雀山汉简武帝元光元年（公元前134年）历谱中，用"反"字标示"反支"日。居延汉简宣帝本始四年（公元前70年）历谱及敦煌汉简和帝永元六年（公元94年）历谱，也都明确标出"反支"日。可见民间"反支"禁忌在社会生活中曾经有较广泛的影响。这种影响当然也会波及行旅生活。

"反支不行,竟以遇害"的典故,出自西汉末年张竦拘守禁忌而死于非命的故事。据《汉书·游侠传·陈遵》的记载,王莽败亡时,"(张)竦为贼兵所杀"。按照颜师古注引李奇的说法,张竦事先已经得知兵祸将临,理应避走,然而当天恰逢"反支"日,于是执意不去,终于死在乱兵刀下。

《颜氏家训》中说到的后一个所谓"归忌寄宿"的例子,则出自《后汉书·郭躬传》:汉桓帝时,汝南有一位名叫陈伯敬的人,平生谨小慎微,"行必矩步,坐必端膝","行路闻凶,便解驾留止;还触归忌,则寄宿乡亭"。就是说,行止都十分严格地拘守民间传统禁忌规范,行旅途中如果发现凶兆,就解卸驾车的牲畜,居留不再前行;远行归返如果遇到忌日,则宁愿寄居在乡亭而暂时不回家。

陈伯敬尽管如此,仍然不免因罪致死,当时就被否定禁忌的人引为反证。张竦的悲剧,后来也同样被看作"拘而多忌,亦无益也"的实例。

出行禁忌虽然普遍存在,但是在不同的时代,对于不同的阶层,实际制约作用可能也是有所不同的。因而对于中国古代社会行旅生活的消极影响,终究是有限的。《红楼梦》第一回《甄士隐梦幻识通灵　贾雨村风尘怀闺秀》中写道，甄士隐与贾雨村中秋对饮，得知贾雨村进京"行囊路费，一概无措"，于是封五十两白银并两套冬衣相赠，又说道："十九日乃黄道之期，兄可即买舟西上。"然而第二天上午想起写荐书的事，派家人去请贾雨村时，那家人却回来说："和尚说，贾爷今日五鼓已进京去了，也曾留下话与和尚转达老爷，说：'读书人不在黄道黑道，总以事理为要，不及面辞了。'"甄士隐听了，"也只得罢了"。黄道之日是吉日，宜于出行。黑道之日是凶日，忌以出行。贾雨村所谓"读书人不在黄道黑道"以及甄士隐的"只得罢了"，或许是某些社会阶层中许多人对待择吉避凶的传统规范的态度。在一般情况下，他们中的大多数人可能正是以这样的态度处理行旅生活中的各种问题的。

2. 行神祭祀

在中国古代民间神仙崇拜的庞杂的体系中，行神崇拜占据着值得重视的地位。

儒学经典著作中规定的礼祀制度，有关于不同社会等级的人们应当定时祭祀行神的内容。

在《仪礼·聘礼》中，可以看到关于"释币于'行'"的礼俗规范。汉代学者郑玄解释说："'行'者之先，其古人之名未闻","今时民春秋祭祀有行神。"大约远古时代有在行旅生活中起启导或护佑作用的部族领袖，后来被尊崇为神，然而其姓名已经不能确知。行神之神格形象的不明确，说明行神崇拜由来更为久远，影响更为广泛。云梦睡虎地出土的秦简《日书》中可以看到题为"祠行""行祠"的内容，具体规定了祭祀的仪程。举行祭祀行神的仪礼，要选择吉日，避开忌日。所谓"祠行良日"，即在这一天祭祀，据说可以保证行旅"大得"。出行方向不同，行祭祀礼的地点也不同。大约东行南行，"祠道左"，西行北行，"祠道右"。具体程式，大致有设席、馈祭、祝告等。

馈，据《史记·孝武本纪》司马贞《索隐》的解释，是说"连续而祭之"。《史记·封禅书》所说的"酘"，《汉书·郊祀志》所说的"腏"，也都是指同样的祭祀形式。

行神也称作"祖神"。行神祭祀又称作"祖道"。

《诗经·大雅·烝民》有"仲山甫出祖"的诗句，在《大雅·韩奕》中也可以看到所谓"韩侯出祖"。《左传·昭公七年》记载：楚国国君建成章华之台，邀请诸侯来参加落成典礼。鲁昭公准备前往时，梦见鲁襄公主持"祖"的仪礼，于是有人劝阻说，过去襄公前往楚国时，梦见周公主持"祖"的仪礼，因而成行，现在却改由襄公本人主持，

荆轲刺秦王汉画像石拓本

看来君主不宜出行。有人则对鲁昭公说，先君从前没有到过楚国，所以周公主持"祖"的仪礼予以引导，而当襄公去过楚国之后，自然可以亲自主持"祖"的仪礼引导您。您为什么不启程呢？这里所说到的"祖"，都是指"祖道"。司马迁在《史记·刺客列传》中用饱含激情的笔调记述了荆轲远行赴秦谋刺嬴政时，燕太子丹在易水之上为他举行"祖道"仪式的情形：

> 太子及宾客知其事者，皆白衣冠以送之。至易水之上，既祖，取道，高渐离击筑，荆轲和而歌，为变徵之声，士皆垂泪涕泣。又前而为歌曰："风萧

萧兮易水寒,壮士一去兮不复还!"复为羽声慷慨,士皆瞋目,发尽上指冠。于是荆轲就车而去,终已不顾。

荆轲易水之歌作为激越慷慨、振扬千古的绝唱,其实原本是在临行祭祀行神之后,由壮士胸次奔迸而出的。

《史记·五宗世家》记载,汉景帝征召临江王刘荣往长安,刘荣临行,在江陵北门举行"祖"的仪式,然后上车准备启程,不料突然"轴折车废"。江陵父老于是涕泪交流,私下议论说:"吾王不反(返)矣!"刘荣后来果然因罪自杀,葬于蓝田,再也没有回到江陵。对于"祖",司马贞《索隐》解释说:"'祖'者,行神。行而祭之,故曰'祖'也。"又引述崔浩的说法:"黄帝之子累祖,好远游而死于道,因以为行神。"而《风俗通义·祀典》则说,共工的儿子名叫"修",平生喜好远游,凡是舟船车辆可以驶达、行人足迹曾经践履的地方,无不亲临游历,于是被尊崇为"祖神"。行神或者祖神的世间原型已经不容易究寻,不过通过刘荣祖道之后"轴折车废"被看作行旅将不返的预兆的故事,可以知道作为民间祖道风习的观念背景的,是一种对于行旅生活中可能经历的危难潜怀畏忌的神秘主义意识。据说由于刘荣"不以道终",没有能够平安归还,他离开江陵城时所经过的北门从此"存而不启"(张守节《正义》引《荆州图副》),即城门虽然仍旧保留,却永远不再开启。

汉代祖道仪式有时十分隆重。《汉书·疏广传》说,汉宣帝时,太傅疏广和兄子少傅疏受一起主动辞职,告老归乡,一时轰动朝廷,各级官员以及友好、同乡聚集在长安城东都门外,为他们举行规模盛大的祖道仪式,参与者的乘车竟然多达数百辆。晋人张协的《咏史》诗追忆京都为二疏祖道的盛况时,曾经这样写道:"昔在西京时,朝野多欢娱。蔼蔼东都门,群公祖二疏。朱轩曜金城,供帐临长衢。"华美的车辆聚集都门,富丽的帷帐临于长街。举行祖道仪式的现场,洋溢着欢愉而和洽的气氛。东汉著名学者蔡邕的作品中,有一篇用于祖道时祝诵的《祖饯祝》,其中写道:

> 令岁淑月,日吉时良。爽应孔嘉,君当迁行。神龟吉兆,休气煌煌。著卦利贞,天见三光。鸾鸣雍雍,四牡彭彭。君既升舆,道路开张。风伯雨师,洒道中央。阳遂求福,蚩尤辟兵。仓龙夹毂,白虎扶行。朱雀道引,玄武作侣。勾陈居中,厌伏四方。君往临邦,长乐无疆。

大意是说，行旅择定吉日良辰，卜问前程得到吉兆，天色晴美气候宜人，轻车宝马已经备好，苍龙白虎左右扶卫，朱雀玄武随伴前导，细雨洒道清静无尘，旅途必定吉星高照。通过祝文的内容，可以知道当时祖道礼仪的主要意义，是祈祝行旅的平安和顺利。

全面记录汉代河西地区军事生活的居延汉简中所提供的有关文字资料，可以说明当时行旅祖道，已经成为普遍影响社会不同阶层生活的礼俗。例如，我们可以看到这样的简文：

候史褒予万岁候长祖道钱　出钱十付第十七候长
　　　　　　　　　　　　祖道钱
……□道钱　出钱十付第廿三候长
　　　　　　祖道钱
……□道钱　出钱十
　　　　　　出钱□

104.9，145.14

这大概可以看作同事间共同"出钱"办理祖道事宜的一份记账单。可见远在西北边塞，基层军事组织中也曾经通行这一礼俗。看来，行旅祖道风习影响之广泛，可能确实如同晋人嵇含在《祖赋序》中所写到的,尊如"天子",卑至"庶人",无不虔诚遵行这种礼仪规范。

晋人多有标题注明为"祖道"的诗作,从内容看,祖道在当时不仅是庄重的礼仪形式,实际上又被作为社会上层较大规模聚会的一种重要机会。陆机的《祖道毕雍孙刘边仲潘正叔》诗写道:"皇储延髦俊,多士出幽遐。适遂时来运,与子游承华。执笏崇贤内,振缨层城阿。毕刘赞文武,潘生莅邦家。感别怀远人,愿言叹以嗟。"一方面寄言"感别怀远人"的嗟叹,一方面又描述了文武官员"执笏""振缨",聚临祖道、冠带交错的盛况。张华的《祖道赵王应诏》诗也写道:

> 发轫上京,出自天邑。
> 百寮饯行,缙绅具集。
> 轩冕峨峨,冠盖习习。
> 恋德惟怀,永叹弗及。

人们会很自然地注意到,晋人"祖道"诗的真实主题,已经逐渐转变为以抒发送别感怀之情为主,而行神祭祀以祈祝行旅安全的早期动机,看来已经越来越淡漠了。

行装与旅费

行旅启程之前,应当进行必要的物质准备。

为了满足行旅需要而准备的东西,曾经称为"装"或者"行装"。

早在先秦时代,"装"或者"行装"对于行旅的意义已经受到重视。

《战国策·齐策四》记载,冯谖为孟尝君往薛地收债,"约车治装,载券契而行"。《史记·越王勾践世家》记载,勾践灭吴之后,范蠡"乃装其轻宝珠玉",和他的亲信徒属"乘舟浮海以行",从此不再返回,后来定居于陶,成为巨富。他的少子曾远行楚地,"乃装黄金千溢[1],置褐器中,载以一牛车"。即曾经以黄金千镒作为行资,盛放在粗劣的器具中,用一辆牛车装载。《史记·魏公子列传》记述魏公子无忌的事迹,说他留居赵国期间,与平原君意见相左,以为"其不足从游","乃装为去"。《史记·樗里

---

[1] 溢,通"镒",古时金二十两之称。

子甘茂列传》又记载了甘罗十二岁即说服张唐,得以承当赴燕国任国相的大任,终于"令装治行"的故事。

司马迁笔下还有其他类似的记载,例如我们又可以看到,《刺客列传》说,燕太子丹在做好谋刺秦王嬴政的各种准备之后,"乃装为遣荆轲"。《南越列传》记载,南越王胡对天子使者说:"胡方日夜装入见天子。"《孝武本纪》也记载,方士栾大"治装行,东入海",去寻求他的老师。

这里所说的"装",一般是说"行装"。有时,"装"又与所谓"治装"的意义相近,也就是指行旅需用的准备。

在一般情况下,"行装"应当多选择携带方便,而且可以随处用以交换的物品,范蠡"乃装其轻宝珠玉"的一个"轻"字,正体现了这样的原则。

汉景帝时,发生吴楚七国之乱,袁盎作为中央政府的使者被吴王拘禁。执行监守任务的一名军官曾经受私恩于袁盎,于是"悉以其装赍置二石醇醪",当兵士酒醉时,营救袁盎逃脱。(《史记·袁盎晁错列传》)有的学者分析汉代算术书《九章算术》卷七"醇酒一斗钱五十"的数据,认为这虽然是"假借算题",然而"当与实际不远"[1]。参照这一分析,估算这位下级军官随部队行动时所携"装赍"

---

[1] 陈直:《史记新证》,天津人民出版社1979年版,第159页。

的数额，约值1000钱。

秦汉时期多有"装"或"行装"数额惊人的史例。行旅费用偏高，可能与重农抑商的政策导向有关。这一现象势必会对行旅生活在社会生活总体中的作用产生消极的影响。

汉初，陆贾出使南越，南越王"赐陆生橐中装直千金，他送亦千金"。吕后专政时，陆贾回避权力之争而"病免家居"，于是拿出从前"所使越得橐中装"，卖得千金，分给他的儿子，让他们以此作为从事生产经营的资本。(《史记·郦生陆贾列传》)另外又有"他送亦千金"，可知所谓"橐中装"是专用旅费。陆贾后来能够分其子以为农耕生产的资本，是因为南越王赠予数额过高。陆贾"橐中装"的内容，有人认为是"珠玉之宝也"(裴骃《集解》引述张晏的意见)，又有人则更明确地指出是"明月珠之属"(司马贞《索隐》引述如淳的意见)。

《史记·南越列传》又记载，汉武帝时代，南越国"王、王太后饬治行装重赍，为入朝具"。所谓"治行装重赍"，可能正反映了当时准备"行装"往往追求"重"的倾向。《史记·淮南衡山列传》在记录当时人对于汉初经济形势的评价时，也写道："重装富贾，周流天下，道无不通，故交易之道行。"商人"重装"即准备极充足的行旅之费而周游往来天下各地的现象，是值得重视的历史事实。

有人解释"装"亦即"行装"，认为只是出行时"所携带的衣物"。这种理解其实是不确切的。《后汉书·杜林传》记载，在西汉末年的社会大动乱中，杜林等人率令自己的家族由关中远行，"俱客河西"避难，"道逢贼数千人，遂掠取财装，裸夺衣服"。可见"装"或"行装"与"衣服""衣物"，概念不能等同。"财装"连称，也可以帮助我们理解其真实意义。《晋书·魏咏之传》说，魏咏之家居任城，准备远行荆州，往投荆州刺史殷仲堪帐下，然而"贫无行装"，"遂赍数斛米西上"。可以以米作为"行装"，可见认为"行装"即行旅"衣装"的理解是并不确切的。

以"装"或"行装"称行旅之资的说法，后世依然存在。例如，《警世通言》卷三二《杜十娘怒沉百宝箱》写道："前出都之际，假托众姊妹相赠，箱中韫藏百宝，不下万金，将润色郎君之装，归见父母。""装"的意义，是较为明确的。此前赎身时，杜十娘曾对李甲说："此银一交，便当随郎君去矣。舟车之类，合当预备。妾昨日于姊妹中借得白银二十两，郎君可收下为行资也。"而李甲"正愁路费无出，但不敢开口，得银甚喜"。这里所谓"行资""路费"其实和"装"的意义是相近的，而下文说到的"船钱""轿马之费"等,都应当包括在其中。

"行资"一说的应用,是相当普遍的。如《太平广记》卷四六二引南朝宋刘义庆《幽明录》:"明旦,船欲发,云:'暂上,取行资。'"北魏人杨衒之《洛阳伽蓝记》卷五《城北·凝圆寺》写道:宋云与惠生曾经"割舍行资",在山顶建造了一所"浮图"。清人薛福成《庸庵笔记》卷二记载,多隆阿临阵负重伤,清帝命黑龙江将军传其子双全驰驿往视,而当时双全投靠亲戚为生,身无完衣,将军大为怜骇,"赠以行资",双全才得以驰往探视父亲。

与"行资"名异而实同的说法,又有所谓"旅资""旅费"。清人吴炽昌《客窗闲话》:"帝曰:'既奉谕旨,何不回籍?'林曰:'我实起于单寒,旅资无措。'"王端履《重论文斋笔录》卷八说到各地行旅至于京师赴考者的艰难:"士子会试者,咸寄寓客邸,旅费艰难,居大不易。"曾国藩的《湘乡县宾兴堂记》则有劝谕士民捐买田宅,以若干年的年租"入为会试旅费"的内容。

对于这种行旅生活的费用,大致从宋元时代起,民间俗语又称之为"盘缠"。

《清平山堂话本》卷三《杨温拦路虎传》:"要归京去,又无盘缠。"《西厢记》第五本《张君瑞庆团圆》第一折:"红娘取银十两来,就与他盘缠。"《京本通俗小说》

卷一二《西山一窟鬼》:"又没甚么盘缠,也自羞归故里。"《五代史平话·梁史》卷上:"望家乡又在数千里之外,身下没些个盘缠。"此外,如杂剧《争报恩三虎下山》楔子:"要回那梁山去,怎奈手中无盘缠。"又如杂剧《便宜行事虎头牌》第二折:"再得我往日家缘,可敢赍发与你些个盘缠。"杂剧《感天动地窦娥冤》楔子:"正待上朝取应,又苦盘缠缺少。"而窦娥悲剧发生的起因,最初也正在于她的父亲窦天章没有"盘缠",曾借了蔡婆二十两银子,无法偿还本利,只得把亲生女儿送给蔡婆做儿媳。

值得注意的是,"盘缠"一语在用以指行旅生活费用的同时,往往也指一般日常生活费用。如宋人萧德藻《樵夫》诗:"一担干柴古渡头,盘缠一日颇优游。"杂剧《翠红乡儿女两团圆》第二折:"您将这钱钞家中做盘缠去。"杂剧《包龙图智勘后庭花》第一折:"这些东西,咱一世儿盘缠不了。"杂剧《包待制智赚灰阑记》第一折:"因为贫难,无以度日,要寻我妹子,讨些盘缠使用。"

"盘缠",民间又有"盘川""盘程""盘费"等不同的说法。

例如,《老残游记》第一回《土不制水历年成患 风能鼓浪到处可危》写道:"其先他的父亲原也是个三四品的官,因性情迂拙,不会要钱,所以做了二十年的实缺，回家仍是卖了袍褂做的盘川。"又如《儒林外史》第三十三回《杜少卿夫妇游山　迟衡山朋友议礼》："他这番盘程带少了，又多住了几天……叫了一只船回南京，船钱三两银子也欠着。""盘川"和"盘程"可能都是"盘缠"的音转。"盘费"则与"盘缠"完全相同，也有行旅生活费用和一般日常生活费用的双重含义。例如《文献通考》卷一六〇《兵十二》写道，南宋孝宗淳熙十五年（公元1188年），为完善每年"取押纲马"的制度，责令军政部门分工协力，并明确"从各司量给盘费"，保证军马的安全运送。又如杂剧《玉箫女两世姻缘》第一折："解元既去，待我与你收拾些盘费，更到十里长亭饯一杯咱。"这里所说的"盘费"，都是指行旅之费。至于一般生活费用也称为"盘费"的情形，我们又可见于《水浒传》第八回《林教头刺配沧州道　鲁智深大闹野猪林》："他便不来时，我也安排你一世的终身盘费，只教你守志便了。"以及《金瓶梅》第九十三回《王杏庵义恤贫儿　金道士娈淫少弟》所谓"家中日逐盘费不周，坐吃山空"，等等。

"盘费"作为民间习用语而兼有两种含义，应当与"盘缠"相类同，都反映当时某些社会阶层行旅生活之重要，在他们的日常生活中，已经占据了压倒其他多种生活内容的地位。

行旅送别礼俗

民间行旅生活的第一幕,往往以柔情千种、愁绪万端的送别礼仪开场。

古人行旅送别形式的气氛,或凄楚、或热烈、或激昂、或悲切,情调虽然有所不同,然而都分别反映出出行者与送行者对于行旅经历的不同感受,对于行旅前途的不同向往。

沈周《送行图》(局部)

1. 灞桥折柳

折柳相赠，从很早以前开始，就已经成为富有象征意义的行旅送别形式。

相传为六朝人撰写、记述秦汉时期关中历史地理的《三辅黄图》一书中，卷六"桥"条下可以看到这样的记载："灞桥，在长安东，跨水作桥。汉人送客至此桥，折柳赠别。王莽时灞桥灾，数千人以水沃救不灭。"后来重建，改称"长存桥"。王莽时代灞桥毁于火灾又经重建的记录，见于《汉书·王莽传下》。"灞桥"又写作"霸桥"。这座桥由于位于汉唐等朝代政治文化中心东向的交通要道上，人们往往在这里送别远行的亲友。灞桥因为长久成为礼送行旅之人时集中抒发别离感伤情绪的处所，又被称作"销魂桥"。五代后周人王仁裕在《开元天宝遗事》卷下写道：

> 长安东灞陵有桥，来迎去送，皆至此桥为离别之地，故人呼之"销魂桥"也。

桥名"销魂"的意义，很可能即借取南朝梁人江淹真切感抒所谓"行子肠断，百感凄恻"的《别赋》中"黯然销魂者，唯别而已矣"的名句。

灞桥折柳赠别成为风尚，于是李白《忆秦娥》中写道："年年柳色，灞陵伤别。"有人又认为，王维《送元二使安西》中的著名诗句"渭城朝雨浥轻尘，客舍青青柳色新，劝君更尽一杯酒，西出阳关无故人"所描绘的民俗生活画面，也洋溢着"灞桥折柳"的文化韵味。《雍录》一书中就写道："（王）维诗随地纪别，而曰'渭城''阳关'，其实用'霸桥折柳'故事也。"

以柳象征千里相系的离别之情，较早的实例，有《古诗十九首》中所谓"青青河畔草，郁郁园中柳"，"荡子行不归，空床难独守"等。又如南朝齐人虞羲的《自君之出矣》诗："自君之出矣，杨柳正依依"，"流年无止极，君去何时归？"以及南朝梁人范云《送别》诗："东风柳线长，送郎上河梁"，"空怀白首约，江上早归航。"也都以柳丝的悠长柔美，比喻离情的幽婉缠绵。沈约的《咏柳》诗则写道：

> 轻阴拂建章，夹道连未央。
> 因风结复解，沾露柔且长。
> 楚妃思欲绝，班女泪成行。
> 游人未应去，为此归故乡。

柳，可能正是以其"结复解""柔且长"这种与离情别绪相近似的特征而成为行旅离别的象征，从而寄托了"游人"的情思。

折柳其实未必灞桥。《唐诗纪事》卷五六记载了这样一个故事，雍陶在阳安（今四川简阳）做地方官时，曾经送客至于"情尽桥"。问桥何以名此，左右回答说："送迎之情止此，故桥名'情尽'。""情尽桥"得名的缘由，是因为人们认为送往迎来的礼谊情分可以到此为止。雍陶听到这样的说法，于是命笔为一诗，写道："从来只有情难尽，何事名为'情尽桥'？自此改名为'折柳'，任他离恨一条条。"

李白《春夜洛城闻笛》诗写道："谁家玉笛暗飞声，散入春风满洛城。此夜曲中闻折柳，何人不起故园情。"正是因为"折柳"久已成为引动行旅之人深切乡思的敏感的文化信号，于是民间出现了以"折杨柳"命名的流行曲调，其内容，大致多吟诉行旅伤别之情。《宋书·五行志二》说，晋武帝太康末年，洛阳附近地区开始风行"折杨柳"之歌，这种歌曲起初"有兵革苦辛之词"。据《旧唐书·音乐志二》的记载，"梁胡吹歌云：'快马不须鞭，反插杨柳枝。下马吹横笛，愁杀路傍儿。'此歌辞元出北国。"有人认为，此"即鼓角横吹曲《折杨柳枝》是也"（郭茂倩《乐府诗集》卷二二）。大约正是远征远戍于西北边防的下层士卒们，通过自身步步足迹都渍染血痕的行旅生活的经历，最早完成了这种北国民歌同中原折柳赠别礼俗的结合，于是有袁郊《甘泽谣》中"折柳传情，悲玉关之戍客"的说法。不过，"折杨柳"之歌后来在文人笔下已经不再仅仅是"兵革苦辛之词"，而相当集中地用以表现行旅生活本身的悲苦和艰辛了。这种对于行旅生活诸种感受的文学表现，往往是通过对深沉的乡思与忧郁的闺怨的真切描绘曲折地进行的。例如：

"巫山巫峡长，垂柳复垂杨。"
"寒夜猿声彻，游子泪沾裳。"（梁元帝）
"杨柳乱成丝，攀折上春时。"
"曲中无别意，并是为相思。"（梁简文帝）
"高楼十载别，杨柳濯丝枝。"
"春来谁不望，相思君自知。"（刘邈）
"万里音尘绝，千条杨柳结。"
"共此依依情，无奈年年别。"（江总）
"杨柳多短枝，短枝多别离。"
"朱颜与绿杨，并在别离期。"（孟郊）

这看来极其轻柔细弱的柳条,却附着有体现社会文化传统的强韧力量,日日夜夜牵系着行旅之人的客心。

2. 饯别形式的演变

写有所谓"韩侯出祖"诗句,记录了先秦"祖道"仪礼的《诗经·大雅·韩奕》,也描述了当时被称作"饯"的形式:"韩侯出祖,出宿于屠。显父饯之,清酒百壶。其肴维何?炰鳖鲜鱼。其蔌维何?维笋及蒲。其赠维何?乘马路车。笾豆有且,侯氏燕胥。"大意是说:韩侯行旅祖道,出居屠地停宿。显父主持饯送,备有清酒百壶。什么作为肴馔?蒸鳖以及鲜鱼。什么作为菜蔬?竹笋以及青蒲。什么作为赠物?乘马以及路车。美食美器丰盛,座中尽是欢喜。此外,又如《诗经·大雅·崧高》:"申伯信迈,王饯于郿。"《诗经·邶风·泉水》:"出宿于泲,饮饯于祢","出宿于干,饮饯于言。"也都说明以宴饮形式饯送行旅之人的风习起源相当早。

"祖道",又称作"祖饯"。如《后汉书·文苑列传下·高彪》说,第五永往幽州赴任,"百官大会,祖饯于长乐观"。《三国志·魏书·管辂传》也写道,诸葛原由馆陶令迁任新兴太守,"(管)辂往祖饯之,宾客并会"。大致从魏晋时代起,"祖饯"祭祀行神的意义已经逐渐减弱,而成为主

要用以会聚亲友、抒发行旅离别之情的礼俗形式。

何劭《洛水祖王公应诏诗》写道:"友于之至,通于明神。游宴绸缪,情恋所亲。薄云饯之,于洛之滨。"此外,又有"举爵惟别,闻乐伤情"以及"我皇重离,顿辔骖騑。临川永叹,酸涕沾颐。崇恩感物,左右同悲"的诗句。从中虽然仍然可以看到所谓"通于明神"的传统内容,也由于这一礼仪是"我皇"组织的官方集会,作为"应诏"之作不能不有"崇恩"的文句,但是作为真实的情感记录,透过"伤情""永叹""酸涕沾颐"的情景,可以知道当时"祖"这种仪礼的真实性质,已经发生了某种变化。所谓"举爵惟别",也大体可以说明这种变化,即对行神的敬畏,已经被淹没在行旅别离"情恋所亲"的深情厚意之中。

沈周《高贤饯别图》（局部）

所谓"饯"，原本是指在向行神祝祷之后，行旅之人同送行之人"饮酒于其侧"（《仪礼·聘礼》）的礼仪形式，然而到了魏晋时代以后，已经逐渐成为"祖道"的主体内容。随着这种民俗形式的进一步演变，可以说，敬奉行客的酒愈来愈醇厚，而敷衍行神的酒却愈来愈淡薄了。后来，所谓送别"游宴"虽然往往仍旧称作"祖席"或者"祖筵""祖饮"等，例如杜甫《送许八拾遗归江宁觐省》诗写道："圣朝新孝理，祖席倍辉光。"孟郊《送黄构擢第后归江南》诗也有"却忆江南道，祖筵花里开"的文句，明人高启也曾经作《送易从事祖饮南渚》诗，但是这种仪礼的真正的实质，已经离早期行神崇拜越来越远了。

曹植《送应氏》诗写到当时置酒送别的情形："清时

难屡得，嘉会不可常。""亲昵并集送，置酒此河阳。中馈岂独薄，宾饮不尽觞。"又如沈约《应诏乐游苑饯吕僧珍》诗："戎车出细柳，饯席樽上林。"也都反映了行旅启程之前饯饮相送的民间风习。杜甫的送别诗多为叙事兼抒情的杰作，其中对饯行情景的记述，往往使人产生深刻的印象。例如：

"迟日深江水，轻舟送别筵。帝乡愁绪外，春色泪痕边。"（《泛舟送魏十八仓曹还京因寄岑中允参范郎中季明》）

"烟花山际重，舟楫浪前轻。泪逐劝杯落，愁连吹笛生。"（《泛江送客》）

"柳影含云幕，江波近酒壶。异方惊会面，终宴惜征途。"（《江亭送眉州辛别驾升之》）

饯别这种传统的感情联络方式在民间得以广泛通行，也是与人们普遍以为行旅生活往往充满凶险艰辛的观念有关的。

柳永的《雨霖铃》词，可以说以更为细致真切的笔调描写了即将踏上行旅之途的人在即将分手之际的特殊心境：

寒蝉凄切，对长亭晚，骤雨初歇。都门帐饮无绪，留恋处，兰舟催发。执手相看泪眼，竟无语凝噎。念去去，千里烟波，暮霭沉沉楚天阔。

多情自古伤离别，更那堪，冷落清秋节！今宵酒醒何处？杨柳岸，晓风残月。此去经年，应是良辰好景虚设。便纵有千种风情，更与何人说？

帐饮之余，船上人已催促出发，仍然执手相望，依依难舍。酒力终会消解，而旅程犹在"暮霭沉沉"之中，长远难尽。客心"便纵有千种风情"，也终将被淹没在那凄楚冷落的

萧云从《长亭送别图》

漫长行旅之"千里烟波"之中,离情别绪,又将向何人倾诉呢?

尚秉和《历代社会风俗事物考》一书在考察古代行旅生活习俗的内容中,专有"六朝时送别须啼泣否则谓为寡情"条,注意到六朝人饯别时,并不是一般自然地"相看泪眼""无语凝噎",而特别以所谓"啼泣"作为送行的礼节。《世说新语·方正》说,周谟被任命为晋陵太守,周顗等前往送行。周谟临别"涕泗不止",周顗"与饮酒言话",同样"临别流涕"。《颜氏家训·风操》中也写道:"别易会难,古人所重;江南饯送,下泣言离。"有王子侯,为梁武帝弟,被委任以东郡地方官职。临行,曾与梁武帝道别,梁武帝说,我年已老,与你分别,"甚以恻怆",于是"数行泪下"。然而王子侯却不哭无泪,"歘然而出"。后来正是因此而受到责难,以至行舟漂系江渚,竟然长达一百多日,不能离行赴任。《颜氏家训》的作者颜之推对比这种饯送时"临别流涕""下泣言离"的情感表达方式与北国风习的差异,曾经指出:"北间风俗,不屑此事,歧路言离,欢笑分首。"他又说,"然人性自有少涕泪者,肠虽欲绝,目犹烂然;如此之人,不可强责。"可见当时送行"啼泣"已经成为约束世人的社交规范,如果不这样做,就被看作严重的失礼,有时还可能受到责罚。《艺文

类聚》卷二九引《语林》说到这样一个故事:

> 有人诣谢公别。谢公流涕,此人了不悲。既去,左右曰:"向客殊自密云。"谢公曰:"非徒密云,乃自旱雷尔。"

"密云"[1],取《周易·小畜》"密云不雨"之意,指不流泪。这位客人临别没有与谢公相对"流涕",也遭到轻蔑的讥讽。

尚秉和先生说,送别之情,江淹《别赋》所谓"黯然销魂"者,表达已经"最为亲切","而必强以下泪",则不过是偏重于外貌而已。李陵所作《送苏武诗》中写道:"携手上河梁,日暮欲何之?"所表达的悲痛又何止下泪而已呢!尚秉和先生又指出,六朝人以"啼泣"作为送别仪式,并且有人因此而受到责难,这种情形,在六朝以前如汉魏时代,六朝以后如唐宋时代,都是看不到的。这真可以说是一种"特殊之风俗也"[2]。

---

[1] "密云"是当时民间流行的俗语。张云璈《四寸学》卷五:"按'密云'言无泪,盖取《小畜》'密云不雨'之意。"又陆继辂《合肥学舍札记》卷三:"'密云',盖当时里俗语,戏谓不哭也。"
[2] 尚秉和:《历代社会风俗事物考》,岳麓书社1991年版,第357页。

这种"特殊之风俗"之所以特别值得注意，还在于与所谓"北间风俗，不屑此事，歧路言离，欢笑分首"之间所形成的强烈的对比。由此不仅可以发现世情之虚饰与诚朴的区别，以及民风之柔弱与强悍的差异，当时南人与北人对于行旅生活感受的显著不同，无疑也值得人们重视。

《金瓶梅》第四十九回《请巡按屈体求荣　遇胡僧现身施药》详细记述了西门庆饯送蔡御史的情形："书童舀洗面水，打发他梳洗穿衣。西门庆出来，在厅上陪他吃了粥。手下又早伺候轿马来接，与西门庆作辞，谢了又谢。"随后，二人又一同上马，"左右跟随。出城外，到永福寺，借长老方丈摆酒饯行。来兴儿与厨役早已安排桌席停当。李铭、吴惠两个小优弹唱。数杯之后，坐不移时，蔡御史起身，夫马、坐轿在于三门外伺候。""西门庆要送至船上，蔡御史不肯，说道：'贤公不消远送，只此告别。'西门庆道：'万惟保重，容差小价问安。'说毕，蔡御史上轿而去。"告辞与礼送竟然要重复三至四次，可能为"屈体求荣"的特例，或许一般情况下礼节不至于如此烦琐，但是被看作送行仪礼的中心环节的饯饮形式，在条件许可时，大致都是不能减免的。《南齐书·虞玩之传》说，南朝齐骁骑将军、黄门郎虞玩之在告退离京时，同事皆"不出送","朝廷无祖饯者",是因为他平素为人刻薄,"言论不相饶",往往出语伤人。

古代又有送行时赠物赠言的礼俗,往往通称为"赠送"或者"赠别""赠行"。例如,《诗经·秦风·渭阳序》写道:"赠送文公于渭之阳。"元人顾瑛《题侄良用临赵魏公霜浦渔舟图》诗:"作赘殷勤云赠别。"以及清人查慎行《送杨致轩赴淮上并简总河尚书陈沧州》诗:"赠行意尽此,或胜酒一卮。"都说到这种情形。

"赠行"和"饯行"往往相互结合,于是又有"赠饯"的说法。"赠饯"之说,最初见于《国语·周语上》,即所谓"宾飨赠饯","而加之以宴好"。

赠送财物给行旅之人,有时是以路费的名义,又称作"下程"。例如,《金瓶梅》第五十五回《西门庆两番庆寿诞　苗员外一诺送歌童》写道:"月娘一面收好行李及蔡太师送的下程,一面做饭与西门庆吃。"清人王士禛《池北偶谈》卷五有"葛端肃公家训"条,也写道:"每公出,必自赍盘费,县驿私馈下程,俱不敢受。"民间流行这种风习的实例,又见于《水浒传》第二十三回《横海郡柴进留宾　景阳冈武松打虎》:武松与柴进、宋江等人告辞,"柴进取出些金银送与武松,武松谢道:'实是多多相扰了大官人!'武松缚了包裹,拴了哨棒要行,柴进又治酒食送路。"宋江又相送于庄外路上，武松再次告辞，"宋江指着道：'容我再行几步。兀那官道上有个小酒店，我们吃三钟了作别。'"酒后，"宋江叫宋清身边取出一锭十两银子送与武松"，又说："你若推却，我便不认你做兄弟。""武松只得拜受了，收放缠袋里。""三个出酒店前来作别，武松堕泪拜辞了自去，宋江和宋清立在酒店门前，望武松不见了，方才转身回来。"

饯行仪礼结束之后，行者与送者相互道别，这时，才正如唐代诗人韩偓的《离家》诗中所写到的："祖席诸宾散，空郊匹马行。"把饯席上喧闹的人声抛在身后，漫长而孤寂的行旅生活正式开始了。

行旅方式种种

中国古代行旅方式，随着时代的进步而有所演进。由于交通地理条件的区别以及社会身份的差异，也使得古人的行旅方式表现出富于多样化的特征。

1. 徒行时代与徒行阶级

《山海经·海外北经》记录了这样一则远古神话："夸父与日逐走，入日。渴，欲得饮，饮于河、渭。河、渭不足，北饮大泽。未至，道渴而死，弃其杖，化为邓林。"这位名叫"夸父"的神话英雄追逐太阳，终于追上了太阳，灼热干渴，于是饮于黄河和渭水，而河、渭不足饮，又欲北饮大泽，然而没有抵达目的地就渴死在途中，他所遗弃的手杖，化作了桃林。

通过传说中夸父的事迹，我们可以推想传说时代早期行旅生活的实况。夸父执杖奋行于大野的形象，反映步行是当时陆路行旅的基本形式。

远古先民们经历了极其漫长的历史时期才完成了行

旅方式的第一次具有重大意义的进步,即车辆的发明和畜力的开发。

根据《世本》所记录的远古传说,车辆由奚仲所发明。《说文解字·车部》也说:"车,舆轮之总名也,夏后时奚仲所造。"《管子·形势》也说到"奚仲之巧"。《左传·定公元年》又说,奚仲在夏代任"车正"之官。很可能车辆的最初出现早于奚仲。"服牛乘马"的最早记录,则见于《周易·系辞下》。大致在此之前,一切文明创造在陆路的传播,都是通过徒步行旅实现的。

即使在行旅方式发生重大变革,体现出历史性的显著进步之后,徒步行旅仍然在相当长的时间内继续作为社会行旅的主体形式,显示出重要的历史作用。甚至在比较先进的行旅方式显然已经相当普及之后,某些社会阶层仍旧只能徒步行旅。

孔子最喜爱的学生颜渊去世,颜渊的父亲因家境贫困,请求孔子卖掉他的乘车以置棺椁,遭到孔子的拒绝。孔子说:"吾不徒行以为之椁。以吾从大夫之后,不可徒行也。"(《论语·先进》)孔子强调自己如若"徒行",则违背了"礼"。可见当时具有一定身份的人出行必须乘车,已经形成礼制规范。《礼记·王制》说:"君子耆老不徒行。"则强调一种以年龄为界定的等级差别。

《列子·力命》中，有一段北宫子和西门子的有趣的对话。北宫子对西门子说，我与你同样居处于社会之中，而你却发迹而富贵。对比之下，我穿的是破衣，吃的是粗米，"居则蓬室，出则徒行"；你却穿的是锦绣，吃的是粱肉，"居则连欐，出则结驷"。可见，当时"出则徒行"与"出则结驷"即行旅方式的差别，已经形成了鲜明的对照。《盐铁论·取下》所说到的"乘坚驱良、列骑成行者，不知负担步行者之劳也"，也就是乘好车、驱骏马，出行随从骑队的人，并不知道背负肩担、徒步行走者的辛劳，也强调了这种社会差别的显著。

唐代传奇中沈既济写的《任氏传》，说到游子郑六在长安陌中初识狐女任氏的经过：

> 郑子乘驴而南，入升平之北门，偶值三妇人行于道中，中有白衣者，容色姝丽。郑子见之惊悦，策其驴，忽先之，忽后之，将挑而未敢。白衣时时盼睐，意有所受。郑子戏之曰："美艳若此，而徒行，何也？"白衣笑曰："有乘不解相假，不徒行何为？"郑子曰："劣乘不足以代佳人之步，今辄以相奉。某得步从，足矣。"相视大笑。

虽然是调笑之语，从中也可以看到当时社会"有乘"者与"徒行"者之间的等级差别。

战国时代的大论辩家苏秦，是以徒步行旅开始他游说列国的事业的。《战国策·秦策一》说他当初"羸縢履跻，负书担橐，形容枯槁，面目黧黑"。然而一旦他的主张得到君主响应，则拥有"饰车百乘"（《战国策·赵策二》）。司马迁在《史记·苏秦列传》中这样描述他成功时的显赫："佩六国相印"，"行过洛阳，车骑辎重，诸侯各发使送之甚众"，其声威拟于王者，甚至周天子也不得不有所敬畏，匆忙打扫道路，又派专人远迎慰劳。由"徒步"而暴发的类似情形，又可见《汉书·公孙弘传》所谓"起徒步，数年至宰相封侯"，《旧唐书·令狐楚牛僧孺萧俛李石列传》所谓"起徒步而升台鼎"，《明史·孔克仁传》所谓"汉高起徒步为万乘主"等。

在古代文献中，"步行"的形式往往受到特别的注意，正是因为对于上层社会来说，这是一种反常的行旅方式。

西汉名相蔡义起初任职大将军莫府，"家贫，常步行"（《汉书·蔡义传》）。汉宣帝时，盖宽饶身居司隶之要职，"子常步行自戍北边"（《汉书·盖宽饶传》）。东汉时期，李固少年时"常步行寻师，不远千里"（《后汉书·李固传》），被作为勤苦好学的典型事迹。杨震任涿郡太守时，据说"子孙常蔬食步行"(《后汉书·杨震传》)。《三国志·魏书·崔林传》又说，崔林被曹操任命为邬县地方行政长官时，"贫无车马，单步之官"，即步行前往任所就职。

《后汉书·邓禹传》说，在两汉之际的社会动乱中，邓禹"嬴粮徒步，触纷乱而赴光武"。《后汉书·徐稺传》记载，徐稺曾经为太尉黄琼所任用，尚未到职，而黄琼去世归葬，徐稺于是由南昌"负粮徒步到江夏赴之"。《旧唐书·忠义列传下·王义方》记载，王义方由泗州涟水（今江苏涟水）前往京师，"中路逢徒步者"，自云其父病重于颍上，急于前往探视，但苦于"徒步不前，计无所出"，王义方于是解下自己乘车所系驾的马送给他。《宋史·范镇传》写道，范镇的哥哥去世，听说有遗腹子流落在外，范镇于是"徒步求之两蜀间，二年乃得之"。

我们应当看到，徒步行旅生活尽管充满艰难辛劳，然而在古代中国，长期以来都是一种极其普遍的行旅方式。历史上较大规模的行旅活动，如远征、行役、迁流、罪徙等，大多都以步行为主。或许正因为如此，步兵又称作徒甲、徒兵、徒卒，役人又称作徒士、徒役、徒夫，罪囚又称作徒孥、徒囚、徒隶。这些称谓中所谓"徒"，可能最初大多有《说文解字·辵部》"徒，步行也"的意义。

《文选》卷二六谢灵运《七里濑》诗写道："孤客伤

逝湍，徒旅苦奔峭。"说明"徒旅"的艰险和辛劳。杜甫的《铁堂峡》诗也以"威迟哀壑底，徒旅惨不悦"，形容交通道路条件的险恶对于徒步行旅的严重影响。通过《醒世恒言》卷一〇《刘小官雌雄兄弟》中的有关记述，可以看到徒步行旅的具体情形：话说刘德在河西务镇上开酒店，这里"乃各省出入京都的要路，舟楫聚泊，如蚂蚁一般；车音马迹，日夜络绎不绝"。然而在交通条件如此优越的情况下，仍然有以徒步形式跋涉于漫长行途的旅人。一个严寒之日，刘公走到门首看雪，"只见远远一人背着包裹，同个小厮迎风冒雪而来。看看至近，那人扑的一交，跌在雪里，挣扎不起。"仔细看时，"却是六十来岁的老儿，行缠绞脚，八搭麻鞋，身上衣服甚是褴褛。"迎入店中相问，方知是京师龙虎卫军士，"原籍山东济宁。今要回去取讨军庄盘缠，不想下起雪来"。刘公问道："济宁离此尚远，如何不寻个脚力，却受这般辛苦？"答道："老汉是个穷军，那里雇得起脚力！只得慢慢地捱去罢了。"这篇小说又写到刘奇船行遇难，幸有刘公营救，后来伤愈告辞回乡的情形。"刘奇道：'今日告过公公，明早就走。'刘公道：'既如此，待我去觅个便船与你。'刘奇道：'水路风波险恶，且乏盘缠，还从陆路行罢。'刘公道：'陆路脚力之费，数倍于舟，且又劳碌。'刘奇道：'小子不用脚力，只是步行。'刘公道：'你身子怯弱，如何走得远路？'刘奇道：'公公，常言说得好，有银用银，无银用力。小子这样穷人，还怕得什么辛苦！'"后来刘公赠予他一头小驴，"当下将包裹竹箱都装在生（牲）口身上，作别起身。"与此类似的徒步行旅的形式，《水浒传》第二回《王教头私走延安府　九纹龙大闹史家村》中也写道："王进自去备了马，牵出后槽，将料袋袱驼搭上，把索子拴缚牢了，牵在后门外，扶娘上了马"，"挑了担儿，跟在马后，趁五更天色未明，乘势出了西华门，取路望延安府来。"

不过，尽管徒步行旅多困苦艰辛，然而我们通过古代文献遗存又可以体味到古人徒步行旅的另一种感受。例如，杜甫《晦日寻崔戢李封》诗有"出门无所待，徒步觉自由"的诗句，贾岛的《送贺兰上人》诗也写道："远道擎空钵，深山踏落花。"又如温庭筠《商山早行》诗所谓"鸡声茅店月，人迹板桥霜"，以及梅尧臣《鲁山山行》诗所谓"好峰随处改，幽径独行迷"等，都表现出对徒步行旅所独有的特殊意趣的欣赏。

2. 骑乘形式

战国时期，已经多有"带甲百余万，车千乘，骑万匹"（《史记·张仪列传》）的军事强国。《孙膑兵法·八阵》说道:"易则多其车,险则多其骑。"交通条件便利则多使用车兵,交通条件困厄则多使用骑兵。骑兵的兴起,标志着交通事业的重大进步。因战争的刺激而实现的骑乘形式的普及,对于改善行旅条件也具有不容忽视的重要意义。

项羽被刘邦军围困于垓下,陷于四面楚歌的绝境时,唱道:"力拔山兮气盖世,时不利兮骓不逝。"骓,是项羽时常骑乘的著名战马。乌江亭长迎其东渡,项羽因"与江东子弟八千人渡江而西,今无一人还",无面目见江东父老,拒绝登船,并对亭长说:"吾骑此马五岁,所当无敌,

刘珏《骑马游山图》

尝一日行千里，不忍杀之，以赐公。"(《史记·项羽本纪》)自己甘愿苦战而死，却令战马得救。这一故事，可以生动地说明骑乘形式当时在军旅生活中的意义。

汉代民间骑乘已经相当普及。据说"众庶街巷有马，阡陌之间成群"，甚至骑乘母马的人往往受到排斥而不允许参加社交聚会(《史记·平准书》)。我们通过《乐府诗集》卷二一所收录的反映长途行旅生活的《出塞》诗中，可以看到汉代以后远行骑马，已经相当普遍。例如：

> 背山看故垒，系马识余蒲。（王褒）
> 北风嘶朔马，胡霜切塞鸿。（杨素）
> 转蓬随马足，飞霜落剑端。（薛道衡）
> 懔懔边风急，萧萧征马烦。（虞世基）
> 侠客重恩光，骢马饰金装。（张易之）
> 穷秋旷野行人绝，马首东来知是谁。（王昌龄）
> 金带连环束战袍，马头冲雪度临洮。（马戴）

又如卷七二所收录白居易的《生别离》诗："晨鸡再鸣残月没，征马重嘶行人出。"以及张籍的《别离曲》："行人结束出门去，马蹄几时踏门路。"也都可以说明同样的事实。

顾炎武作为明末清初著名的思想家和爱国学者，是通过多年艰辛劳碌的行旅实践，来从事社会调查、总结历史经验、进行学术研究、发起政治批判的。全祖望《亭林先生神道表》介绍顾炎武生平贡献时所说："凡先生之游，以二马二骡，载书自随。"骡，大约也兼用以骑乘和驮负。

行旅生活中以骡作为骑乘对象的历史，已经相当悠久。汉武帝时代的著名方士李少君，据说死后百余日，又曾骑青骡行游于河东郡蒲坂地方。[1]李贺《马诗》于是有"少君骑海上，人见是青骡"的名句。据《太平御览》卷九〇一引《三国典略》记载，魏晋时期，已有人"乘骡游于公卿门，略无惭色"，而兵争诸战例中，也可以看到战败遁走，"弃马山谷，乘骡而去"的故事。南朝人评判书法风格，已经有"书如骑骡，骎骎恒欲度骅骝前"（《南史·王僧虔传》）的说法，可见当时民间骑骡行旅已经相当普遍。《太平御览》卷九〇一引《神仙传》记载了蓟子训到京师，诸贵人慕名求见，而子训乘骡离去的传说。据说，"诸贵人皆逐之，问人，云：'适去东陌上乘骡者是。'乃各走马逐之，望见子训骡徐行，而名马逐之不及。"《太平广记》卷一三引《神仙传》又说到成仙公"乘白骡西行"的故事，据说"时人谓先生乘骡于武昌冈，乃改为'骡

---

[1] 《太平御览》卷九〇一引《鲁女生别传》："李少君死后百余日后，人有见少君在河东蒲坂乘青骡，帝闻之发棺，无所有。"

冈'",其地在桂阳郡西十里。同书卷四三六引记录唐玄宗开元、天宝年间故事的《开天传信记》一书,也说道,唐玄宗将登泰山,"益州进白骡至,洁朗丰润,权奇伟异,上遂亲乘之,柔习安便,不知登降之劳也。"后来白骡无疾而死,玄宗"叹异久之,谥之日'白骡将军'"。乘骡行旅故事往往和神异怪诞的传说相联系,似乎说明骑骡与骑马相比,毕竟还不是民间最为习见的行旅方式。

苏轼《申王画马图》诗有"青骡蜀栈西超忽"句,原注:"明皇乘青骡入蜀。"元稹《望云骓马歌》诗又曾写道:"玄宗当时无此马,不免骑骡来幸蜀。"似乎骑骡行旅是出于无奈。《魏书·眭夸传》曾记述,名士眭夸入京都,"时乘一骡,更无兼骑"。《宋史·文苑列传一·郑起》也说,郑起家贫,常乘骡,有一天出近郊送客,有人揖请说:"请策马令进。"郑起答道:"此骡也,不当过呼耳。"呼骡为马,是明显的虚美过实之辞。可见长期以来,骡在人们的观念中,其价值是低于马的,乘骡者的地位似乎一般也不如乘马者尊贵。不过,陆游有"日驰三百一乌骡"的诗句,似乎骑骡行旅可以实现较高的效率,他又曾以所谓"山路乌骡稳"肯定骑骡行山路的优越。或许唐玄宗骑骡入蜀,也有更为看重其实用的特点。

《旧唐书·吴元济传》记载,吴元济军阀集团割据申

（今河南信阳）、蔡（今河南汝南），与中央政府对抗。当地少马，而普遍畜骡，于是"乘之教战，谓之'骡子军'，尤称勇悍"。《旧唐书·刘沔传》也记述说，刘沔"骁锐善骑射"，而以同"骡军"接战时"冒刃陷坚"，战功最为突出。金宣宗在贞祐三年（公元1215年），曾下令"括民间骡付诸军，与马参用"（《金史·宣宗纪上》）。可见，"骡"经过战争考验，被看作较为理想的骑乘用畜，逐渐成为军旅生活中的重要角色。

《儒林外史》第二十五回《鲍文卿南京遇旧 倪廷玺安庆招亲》写道："只见门口一个人，骑了一匹骡子，到门口下了骡子进来。鲍文卿认得是天长县杜老爷家的管家姓邵的，便道：'邵大爷，你几时过江来的？'邵管家道：'特过江来寻鲍师父。'""邵管家叫跟骡的人把行李搬了进来，骡子打发回去。"大致类似的可以说明民间通行骑骡行旅方式的例证，还能够举出许多。

有关汉代社会生活的史籍中已经可以看到时人骑驴的记载[1]。魏晋时代，阮籍被任命为东平相，据说是"骑驴

---

[1] 《后汉书·独行列传·向栩》可见关于河内人向栩曾"骑驴入市"的记载。《后汉书·灵帝纪》及《续汉书·五行志一》都说到汉灵帝在后宫驾驴车，有些记载则写作骑驴，如《太平御览》卷九〇一引《金楼子》说，汉灵帝养驴数百头，"常自骑之，驱驰遍京师"。

《费汉源山水画式·骑驴诸式》

到郡"上任的(《晋书·阮籍传》)。东平国在今山东东平。洛阳至东平的距离,以现今公路营运线路里程计,长达460公里左右,可见"骑驴"这种方式,当时已经开始应用于长途行旅中。据《魏书·常景传》记载,东魏孝静帝天平初年,曾诏令收百官马,于是尚书丞郎以下如果不是陪从皇帝者都不得乘驴。《全唐诗话》写道,唐懿宗咸通年间,由于进士车服多僭逾制度,严令禁止骑马,于是当时场中不下千人,"皆跨长耳",有人遂作诗嘲讽道:"今年敕下尽骑驴,短辔长鞦满九衢。"

《洛阳伽蓝记》卷四《城西·法云寺》说,有河东人刘白堕善能酿酒,据说"饮之香美而醉",可以"经月不醒"。"京师朝贵多出郡登藩,远相饷馈,逾于千里",因其"远至",当时人称之为"骑驴酒"。由"远相饷馈"的美酒以"骑驴"为名,可以推知"骑驴"或许当时是民间行旅"远至"的主要形式。

《太平广记》卷七七引《开天传信记》说到这样一个故事,罗思远善隐形之法,帝从其习受,却不肯无保留地传授其要领。帝怒,令力士"裹以油幞,置于油榨下,压杀而埋瘗之",然而不数日有宫廷使者从蜀道回京,竟又路逢罗思远骑驴而行,且笑道:帝王开玩笑何以竟如此残虐啊!大致相同的记载,又见于《新唐书·方技列传·罗思远》。

杜甫《奉赠韦左丞丈二十二韵》诗写道："骑驴三十载，旅食京华春。"又《闻惠子过东溪》诗："惠子白驴瘦，归溪唯病身。皇天无老眼，空谷滞斯人。"又如苏轼《和子由渑池怀旧》诗："往日崎岖还记否，路长人困蹇驴鸣。"都是骑驴行旅的例证。更为典型的实例，当然又可以举出人们所熟知的陆游的名作《剑门道中遇微雨》诗：

衣上征尘杂酒痕，远游无处不消魂。
此身合是诗人未？细雨骑驴入剑门。

钱锺书先生在评析这一名诗时曾经指出，"李白在华阴县骑驴，杜甫《上韦左丞丈》自说'骑驴三十载'，唐以后流传他们两人的骑驴图（王琦《李太白全集注》卷三六，《苕溪渔隐丛话》后集卷八，施国祁《遗山诗集笺注》卷十二）；此外像贾岛骑驴赋诗的故事、郑綮的'诗思在驴子上'的名言（《唐诗纪事》卷四〇、卷六五），等等，也仿佛使驴子变为诗人特有的坐骑"[1]。这是极敏锐的发现。此外，贾岛的《送友人之南陵》诗也写道："少年跃马同心使，免得诗中道跨驴。"同样反映诗人以驴子为坐骑的

---

1 钱锺书：《宋诗选注》，人民文学出版社1958年版，第199页。

事实。然而羞于"诗中道跨驴"的心理，或许可以说明"跨驴"在一般情况下属于社会下层人们的行旅方式。

《景德传灯录》卷二一《福州升山白龙院道希禅师》有"骑驴觅驴"的比喻："问：'如何是正真道？'师曰：'骑驴觅驴。'"卷二八《洛京菏泽神会大师》也借此批评忘其本有而各处寻求的世间俗尚："本无今有有何物？本有今无无何物？诵经不见有无义，真似骑驴更觅驴。"禅宗学说平易近人，引证贴近生活，借"骑驴觅驴"为喻，说明"骑驴"在当时现实生活中是比较普遍的出行方式。

"骑驴觅驴"，又写作"骑牛觅牛"。《景德传灯录》卷九《福州大安禅师》："师即造于百丈，礼而问曰：'学人欲求识佛，何者即是？'百丈曰：'大似骑牛觅牛。'"骑牛远行的史例，我们可以看到两汉之际刘秀参与反对王莽的起义，"骑牛与俱，杀新野尉后乃得马"的事迹（《东观汉记·世祖光武皇帝》）。也就是说，光武帝刘秀由起事于宛（今河南南阳），又至于舂陵（今湖北枣阳南），转击长聚，直到与新野（今河南新野）尉的部队会战，竟然是经常骑在牛背上。《旧唐书·隐逸列传·史德义》："或骑牛带瓢，出入郊郭廛市。"《旧唐书·李密传》也说到"乘一黄牛，被以蒲鞯"的情形。骑牛行旅固然并不普遍，但仍是一种不宜忽视的社会生活现象。《太平御览》卷八九八引《魏略》说，钜鹿（今河北平乡西南）人时苗被委任为寿春县令，"乘牸牛"赴任所就职。时苗无论从洛阳启程还是从钜鹿启程，行途都有千里之遥。

《太平御览》卷九〇〇引刘义庆《幽明录》："护军琅琊王华，有一牛，甚快。常乘之。"又引《岭表录异》说，琼州（今海南）不产驴马，当地人多骑黄牛，"亦饰以鞍鞯，加之衔勒，可骑者即自小习其步骤，亦甚有稳快者"。牛行之稳，人所周知，然而其行可以"快"，今人已经难以想象。估计"牛"所以用于行旅，可能大多还是因为"驴马"缺乏。

骆驼很早就为西北丝路行旅者所骑用。《山海经·北山经》说，虢山，"其兽多橐驼"。郭璞注："有肉鞍，善行流沙中。日行三百里，其负千斤，知水泉所在也。""橐驼"，也就是骆驼。唐代墓葬出土的唐三彩"骑驼"俑，可以作为人们在西北荒漠中骑乘骆驼行旅的文物实证。

3. 篮舆伊轧

传说大禹治水时，劳身焦思，奔走四方，"开九州，通九道，陂九泽，度九山"，其行旅经历了多种形式："陆行乘车，水行乘船，泥行乘橇，山行乘檋。"（《史记·夏本纪》）"檋"，《史记·河渠书》写作"桥"，实际上是一种早期的轿子。《尸子》记述此事，又有"山行乘樏"的说法，"樏"的形式，大约是承坐行人的粗略编系的网络。相同的史事，《汉书·沟洫志》写作"山行则桐"。三国时期学者韦昭是这样理解这种交通工具的形制的："桐，木器，如今舆床，人举以行也。"这种认为其形制与当时"人举以行"的所谓"舆床"相近的观点，是大体符合历史事实的。《汉书·严助传》所谓"舆轿而隃领"，也就是借此以翻越山岭的做法，体现出山地行旅的一种特殊形式。

我们今天所能看到的年代最早的"轿"的实物，出土于春秋晚期至战国早期的河南固始侯古堆1号墓。据从事发掘的考古工作者记述，出土器物中有"肩舆三乘"，"出于随葬坑东南、西北和西南角"。"舆身、舆顶以及舆杆、抬杠都很完整，造型大方，结构复杂"，舆底铺竹席，"顶盖和四周可能有帷幔设施"，其中一件舆杆全长4.84米，底盘面积1.26平方米。[1]大概制作时首先考虑到乘用的舒适。

"肩舆"又写作"肩舁"，江南多以竹材制作，于是民间又称之为"篮舆"。

《晋书·孝友列传·孙晷》说，吴国富春人孙晷因为

---

[1] 固始侯古堆1号墓发掘组：《河南固始侯古堆1号墓发掘简报》，《文物》1981年第1期。

当地"车道既少,动经山川",他的父亲因舟行风波险恶而畏难,于是"每行乘篮舆,(孙)晷躬自扶侍"。《宋书·隐逸列传·陶潜》记载陶渊明的事迹,也说到他曾经前往庐山,因为有"脚疾",使一门生二儿抬"篮舆"而行。白居易的《东归》诗也记述了在长途行旅中应用这种交通工具的具体感受:

> 翩翩平肩舁,中有醉老夫。
> 膝上展诗卷,竿头悬酒壶。
> 食宿无定程,仆马多缓驱。
> 临水歇半日,望山倾一盂。
> 藉草坐崴峨,攀花行踟蹰。
> 风将景共暖,体与心同舒。
> 始悟有营者,居家如在途。
> 方知无系者,在道如安居。
> 前夕宿三堂,今且游申湖。
> 残春三百里,送我归东都。

原注:"三堂在虢""申湖在陕"。虢州在今河南灵宝,陕州在今河南三门峡。他的另一首《途中作》诗也写道:"早起上肩舁,一杯平旦醉。晚憩下肩舁,一觉残春睡。"可

以想见，诗人乘此远行，一路平舒，水媚山好，风暖酒香，行旅生活具有何等闲逸的情趣。当然，这种"行踟蹰"而"无定程"的行旅方式，具有明显的悠游玩乐的性质，是难以要求其速度和效率的。

陈与义的《初识茶花》诗则描绘了乘轿行旅时沿途风景之美好：

伊轧篮舆不受催，湖南秋色更佳哉。
青裙玉面初相识，九月茶花满路开。

据《旧唐书·舆服志》记载，唐高宗时民俗改变，"曾不乘车，别坐担子，递相仿效，浸成风俗"。唐肃宗时，据说原本"巴蜀妇人所用"的"兜笼"在京城开始普及，因为有"易于担负"的特点，似乎已呈现"代于车舆"的趋势。所谓"担子"和"兜笼"，其实都是形制不同的"轿"。宋人孟元老著《东京梦华录》卷四《公主出降》，说到当时京城汴梁曾经出现了一种极其豪华的"担子"（也称檐子）：

檐子约高五尺许，深八尺，阔四尺许，内容六人，四维垂绣额珠帘，白藤间花。匡箱之外，两壁出栏槛，皆缕金花装雕木人物神仙。出队两竿十二人，竿前后皆设绿丝绦，金鱼勾子勾定。

这种"担子"当然不适宜应用于长途行旅。《宋史·舆服志二》说，过去制度禁止官员乘坐"舆担"，"中兴东征西伐，以道路阻险，诏许百官乘轿，王公以下通乘之"。可见"乘轿"是在道路险阻的情况下极其普遍的行旅方式。

"兜笼"后来又称"竹兜"，是一种有座无厢的简易竹轿。《剪灯余话·洞天花烛记》："果有竹兜子一乘，俟道左。"王士禛《池北偶谈》卷二五"郑端清世子"条也写道："每出，坐竹兜，四人昇之。"

"轿"最适用于山地行旅，尽管道路险阻，可以"高下历千岑"，稳便而平安。宋人杨万里《过白沙竹枝歌》："绝壁临江千尺余，上头一径过肩舆。舟人仰看胆俱破，为问行人知得无。"真实描绘了轿行千尺绝壁的惊险情景。可是，这却是要以抬轿人的劳苦艰辛作为代价的。范成大《小扶拶》诗写道："悬崖破栈不可玩，舆丁挟我如腾狙。"明人姚士粦《见只篇》卷上也写到乘轿于长安商州道路上行历险山的情形："七盘十二绅最险峻，行旅每以长绀前引篮舆，白云袅袅，时从马足间出。舆人指点其下，可望辋川。"

还有形制较一般的"轿"，更为轻便的、专门用以攀行山路的所谓"山舆""山轿"。宋人王柏《长啸山游记》：

"黎明假山舆，上丹山。"杨万里《再入城宿张氏庄早起进退格》诗也写道："山轿已十里，谯门才四更。"至于在山势比较陡峭的路段使用绳索牵挽"山舆""山轿"的方式，可能曾经被普遍应用。清人俞樾有《纤夫行》诗，记述了山路行旅的见闻：

> 顽青钝碧起迎面，高可千盘宽一线。
> 舆丁欲上愁迁延，乃仿船家例用纤。

他在《春在堂随笔》卷四中又说到这种行旅方式："山路崎岖，舆行必以纤夫挽之。"

《水浒传》第十九回《林冲水寨大并火 晁盖梁山小夺泊》也说到所谓"山轿"："小喽啰抬过七乘山轿，七个人都上轿子，一径投南山水寨里来。"《老残游记续集遗稿》第一回记述老残等人游泰山的故事，描写当地"山轿"形式的文字尤为具体："次日黎明，女眷先起梳头洗脸。雇了五肩山轿。泰安的山轿像个圈椅一样，就是没有四条腿。底下一块板子，用四根绳子吊着，当个脚踏子。短短的两根轿杠，杠头上拴一根挺厚挺宽的皮条，比那轿车上驾骡子的皮条稍为软和些。轿夫前后两名，后头的一名先趱到皮条底下，将轿子抬起一头来，人好坐上去。然后前头的

林庭珪《五百罗汉之罗汉乘轿图》

一个轿夫再趱进皮条去,这轿子就抬起来了。""轿"的形制,大概各地多有不同。泰山山轿结构可能也有独特之处。然而形式简易、重量轻、轿杠短,很可能是用于山路行旅的"轿"的共同特征。

4. 乘车行旅

宋代诗人梅尧臣的《依韵和张中乐寺丞见赠》诗写道:"朝车走辚辚,暮车走碌碌。黄埃蔽车轮,赤日烁车屋。"真切描绘了乘车行旅的情景。

乘坐车辆行旅,是一种可以使旅人减少劳困,而且效率也比较高的行旅方式。

乘车行旅的形式起源相当早。传说时代的帝王黄帝,后来被尊奉为中华民族的始祖。他的名字就叫"轩辕"。"轩辕"的本意,是指车辆,也就是车辕。这说明从非常古远的时代起,车辆的作用已经受到重视。夏禹千里奔走,"陆行乘车",可能是最早的乘坐车辆行旅的历史记录。

周穆王是著名的喜好远游的君王。《史记·秦本纪》说,秦人的祖先造父为周穆王驾车,系用骏骥之驷,游历西方极远之地,"乐而忘归",后来因徐偃王在东方发起叛乱,于是"长驱归周,一日千里以救乱"。同一史事,《史记·赵世家》又写作:"西巡狩,见西王母,乐之忘归",

而徐偃王反，于是"日驰千里马，攻徐偃王，大破之"。西晋初年，在汲郡一座战国时期魏王的陵墓中发现了一大批珍贵的古代典籍。其中比较完整地留传至今的只有一部，就是《穆天子传》。《穆天子传》一书较为具体地记述了周穆王西行的传说。据说，周穆王会见西王母之后，又继续远行，到达大旷原。他西行的极点，许多学者认为至于吉尔吉斯草原，有人甚至以为已经抵达欧洲中部。

早期用于行旅的车辆，其形式和质量除了力图满足这种所谓"日行千里"的行驶速度的要求而外，还特别注重使旅生活尽可能地安全与舒适。秦始皇陵封土西侧出土的两具铜车马，可以体现当时制作这种用于长途行旅的交通工具的最高水平。其中2号铜车马的车型十分引人注目，车舆分隔为前后二室，这是截至目前考古资料中仅见的一例。这部车的车辕长246厘米，按比例推算则实际辕长可达492厘米。而殷周车辆辕长多在3米以下[1]，春秋时期车辕一般长度在3米左右，秦始皇陵兵马俑坑发现的战车遗迹，车辕最长也不过396厘米。与所谓"库车不便马"(《史记·循吏列传》)的道理相应，增长车辕，才能够系驾更高大的马种，同样的马，车辕较长，也更有利于马足驰骋，

---

[1] 只有洛阳下瑶村151号墓16号车的车辕长度达到320厘米。

同时在高速行驶时可以减弱由系马跃进所引起的颠簸震动的幅度。而且以车轴为杠杆的支点，车辆前部与后部的重量不可能相差太大，因此辕长总与车舆进深成正比。辕长增加，作为乘车，又可以为乘者提供较大的活动空间。许多研究者分析秦陵2号铜车的形制时，把这种车型与古籍文献中所说到的所谓"辒辌车"相联系，是有一定道理的。"辒辌车"，有时又写作"辒凉车"或者"辒车""辌车"，大约是一种车厢空间可以容旅人安卧的乘车。《说文解字·车部》写道："辒，卧车也。"又说："辌，卧车也。"唐代学者颜师古为《汉书·霍光传》作注释时，也说道："'辒辌'，本'安车'也，可以卧息。"此外，民间较为普及的上有帷盖的"輜车"，据说用于远程行旅时也可以作为卧车。

"可以卧息"的乘车的出现，为便利长途行旅生活创造了条件。

秦汉时期，商人往往"连车骑，游诸侯，因通商贾之利"，纵驰大队车骑，往来各地，牟取商业利润。某些巨富甚至因为拥有"轺车百乘，牛车千两（辆）"，社会地位得与贵族相当。他们所谓"转毂以百数，贾郡国，无所不至"（《史记·货殖列传》）的以车辆作为主要交通工具的经济活动，当然是与行旅生活相联系的。

曹操的《苦寒行》写道:"北上太行山,艰哉何巍巍!羊肠坂诘屈,车轮为之摧。"描绘了乘车在山路上艰难行进的情形。李白《北上行》所谓"北上何所苦?北上缘太行""马足蹶侧石,车轮摧高岗",也记述了大体相同的情状。元好问就驱车山行,也有"轧轧旃车转石槽""微服行人细路高"(《石岭关书所见》),"石磴盘盘积如铁""又见单车下太行"(《天井关》)等诗句。可见驰车历远,是极其普遍的行旅生活方式。

随着交往活动的发展和交通条件的改进,民间又出现了雇车行旅的形式。

《二刻拍案惊奇》卷二一《许察院感梦擒僧　王氏子因风获盗》写道,王爵护送兄弟王禄棺柩回乡,"去雇起一辆车来,车户唤名李旺,车上载着棺木,满贮着行李,自己与王惠短拨着牲口骑了,相傍而行。"后来李旺窃银潜逃,"店家道:'客人,这车户那里雇的?'王惠道:'是省下雇来的北地里回头车子。'"这种所谓"车户",就是以私车服务于民间行旅活动的专职人员。这样的人,有时又称为"车家""车客"。《水浒传》第三十二回《武行者醉打孔亮　锦毛虎义释宋江》:矮脚虎王英"原是车家出身,为因半路里见财起意,就势劫了客人,事发到官,越狱走了上清风山"。第五十六回《吴用使时迁盗甲　汤隆赚徐宁上山》:"徐宁道:'既然如此,这张弓又走不动,都上车子坐地,只叫车客驾车了行。'"

《水浒传》第六十一回《吴用智赚玉麒麟 张顺夜闹金沙渡》说,卢俊义相信吴用的卦辞,以为"有百日血光之灾,只除非出去东南上一千里之外躲避",又有心"做些买卖,观看外方景致",于是决意出行。"讨了十辆太平车子,唤了十个脚夫,四五十曳车头口,把行李装上车子,行货拴缚完备",终于出发。这里所说的"脚夫",又称为"车脚"。如第六十二回《放冷箭燕青救主 劫法场石秀跳楼》写道:"那十个车脚,共与他白银十两。"

所谓"太平车子",是当时民间普遍用以长途载运的车辆,又见于《水浒传》第十六回《杨志押送金银担 吴用智取生辰纲》:"梁中书道:'着落大名府差十辆太平车子,帐前拨十个厢禁军,监押着车……三日内便要起身去。'"《邵氏闻见后录》卷二二说到这种车辆的特点:重大粗陋,以牛牵挽,每天的行程不能达到三十里,稍有雨雪的天气,就停步不前,因而俗语称之为"太平车"。《东京梦华录》卷三《般载杂卖》也说,"东京般载车,大者曰'太平'",有厢板而无篷盖。车板前有长二三尺许的两根辕木伸出,"驾车人在中间,两手扶捉鞭绥驾之"。车前往往列有骡驴二十余头,或者系用五七头牛牵曳。夜行悬挂铁铃，行进时发出声响，可以使迎面来车及时避让。车后也系有骡驴两头，驶下陡坡时，使反向用力，可以令车辆缓行以保证安全。

宋人张择端的《清明上河图》中可以看到"太平车"的具体形式。驾车的人持鞭把辕，然而步行。这或许就是他们有时又被称为"车脚""脚夫""车脚夫"的缘故。宋人周密《癸辛杂识》续集上有"北方大车"条，在记载其运载方式的同时，特别说到"管车者"们行旅生活艰苦而粗犷的特点：

> 北方大车可载四五千斤，用牛骡十数驾之。管车者仅一主一仆，叱咤之声，牛骡听命惟谨。凡车必带数铎，铎声闻数里之外，其地乃荒凉空野故耳。盖防其来车相遇，则预先为避，不然恐有突冲之虞耳。终夜劳苦，殊不类人，雪霜泥泞，尤艰苦异常。或泥滑陷溺，或有折轴，必须修整乃可行，濡滞有旬日。然其人皆无赖之徒，每挟猥娼同处于车箱之下，藉地而寝，其不足恤如此。

这种车辆当时在民间可能曾经十分普及。

清代公案小说《儿女英雄传》第二回《沐皇恩特授河

工令 忤大宪冤陷县监牢》中仍然说到所谓"太平车"："老爷一辆太平车，太太一辆河南棚车，其余家人都是半装半坐的大车。"当然，这里所说的"太平车"是指专用客车，显然已经与宋代的同名车辆应用形式并不完全相同了。又如《老残游记》第七回《借箸代筹一县策 纳楹闲访百城书》："街上迎面来了一辆小车，半边装行李，半边坐人。"这种车辆，与《儿女英雄传》所谓"半装半坐的大车"，应当属于一类。

事实上，那种套系十数头乃至二十余头牲畜的超级载运车辆，后世已经不再常用。清人吴敏树《杂说》写道："余曩归自都下，雇骡以行。遇同行者曰：'子之辕骡弗良，将不利行。'"也是雇车行旅的例子，作为乘车牵引动力的，可能只是一头骡子。《老残游记》第七回又说道，"次日早起，老残出去雇了一辆骡车，将行李装好"，于是"动身上车，径往东昌府去了"。这里可能是也指系驾一头骡子的一般的乘车。然而，第四回《宫保求贤爱才若渴 太尊治盗疾恶如仇》则又写道，诸人"收拾行李，叫于家预备了几辆车子，大家坐了进去。赶到二更多天，才进了城"，而吴氏却收拾收拾，"选了一挂双套飞车，赶进城去。到了他父亲面前，号啕大哭。这时候不过一更多天，比他们父子三个，还早十几里地呢。"看来，当时系驾两头牲畜的乘车，已经是需要特别加以说明的非同寻常的高速"飞车"了。

《老残游记》第二〇回《浪子金银伐性斧　道人冰雪返魂香》又写道："夜间托店家雇了长车"，"老残携同环翠并他兄弟同德慧生夫妇天明开车，结伴江南去了。"所谓"长车"，显然是为远程客人服务，用于长途行旅的乘车。其车厢之宽敞，可以容纳五个人携带行李"结伴"同乘。而这种"长车"竟然几乎可以随时雇乘，说明当时以车辆营运的"车家""车户"们为民间行旅生活提供了极大的便利。

元人杨允孚《滦京杂咏》其八写道："燕姬翠袖颜如玉，自按辕条驾骆驼。"系用骆驼，已经颇为稀见，而女子驾车，尤为少见。诗人所描写的，大约是塞上行旅生活中生动的一幕。

5. 舟筏行水

湖北云梦睡虎地出土的秦简《日书》中，可以看到关于"行水"的内容。"行水"和一般的"行"是有所区别的。例如，在《日书》甲种中，我们可以看到："（交日）以祭门、行、行水，吉。"（4正二）"行"与"行水"是并列的两种行旅形式。又如在"星"题下，又有："心，不可祠及行，凶。

可以行水。"（72正一）[1]在这一天不可以"行"，却可以"行水"。此外，又可以看到所谓"船行"与"行"相并列的情形，例如：

丁卯不可以船行　97背二

六壬不可以船行　98背二

六庚不可以行　　99背二

同样的内容，《日书》甲种中重见一次（128背），《日书》乙种中也有完全相同的内容（44二），可见"六庚不可以行"一句，并非偶然脱写"船"字。显然，所谓"行水"或者"船行"，是有别于陆路行旅的通行于江河湖海水域的水路行旅。

筏，是取竹木等物编制而成的简易的水上交通工具。四川新都出土的汉画像砖有江上行筏的画面。《北堂书钞》卷一三五引《东观汉记》说："吴汉平成都，乘筏从江下。"这种航运工具长期被应用于民间行旅生活中。杜甫《奉送崔都水翁下峡》诗："无数涪江筏，鸣桡总发时。"可知江筏往往结为大队顺流浮行。清人黄宗炎《屯溪至渔亭》诗

---

[1] 《日书》乙种中同样的内容，"可以行水"，则写作"可以水"（100 一）。

佚名《风雨归舟图》

也曾经写道："竹筏清溪逆水牵，鱼游常在镜中天。"可见也有逆水行筏的情形。碧天晴日，清溪游鱼，乘筏行旅的幽致意趣，宛然呈现在诗句之中。查慎行《建溪棹歌词》其二："问渡亭前齐阁棹，竹簰撑入武溪来。"又如《从屯溪坐竹筏至休宁县》诗："江路西来尽，轻装称竹船。"也都说明这种行旅方式在水乡的普及。

汉代学者刘向曾经这样说：" 乘舆马不劳致千里，乘船楫不游绝江海。"（《说苑·谈丛》）又说："游江海者托于船，致远道者托于乘。"（《说苑·尊贤》）显然，"乘船楫"，从很早以前起，就是与"乘舆马"相并列的最重要的行旅方式之一。

唐代诗人卢纶的《晚次鄂州》诗写道："云开远见汉阳城，犹是孤帆一日程。估客昼眠知浪静，舟人夜语觉潮生。三湘愁鬓逢秋色，万里归心对月明。"描述了乘坐舟船水路行旅的感受。杜甫的诗作虽然有"系舟身万里，伏枕泪双痕"（《九日五首》其四）一类反映水行愁绪的悲郁之词，但是也有超越"秋色""归心"传统情感定式的如所谓"春水船如天上坐"（《小寒食舟中作》）等较为明快乐观的名句。欧阳修《晚泊岳阳》诗也写到"系舟岳阳城下树"时的情形："夜深江月弄清辉，水上人歌月下归。一阕声长听不尽，轻舟短楫去如飞。"意趣则尤为清逸。

乘舟水行比乘车陆行的优越之处，正如杜甫《放船》诗中所写到的：

直愁骑马滑，故作放舟回。

……

江流大自在，坐稳兴悠哉。

当然，另一方面，舟行又难免激流险滩，恶风巨浪。如同明人何景明《咏怀》其五所谓"江湖多风涛，舟楫不可保"。

郭璞的《江赋》说到水上航运的发达："漂飞云，运舲艎，舳舻相属，万里连樯。溯洄沿流，或渔或商。赴交益，投幽浪，竭南极，穷东荒。"其中所谓"飞云""舲艎"，都是舟船的名称。看来，当时水上行船，相当多数服务于以"商"为代表的行旅活动。尤其远赴交州、益州，甚至前往"南极""东荒"的航行，一般来说不会是以"渔"为目的的。明代学者陆深的《江东竹枝词》写到水上行旅活动繁盛的情形："滨口航船一字帮，棹歌和起自成腔。潮来上南潮落北，南到湖南北到江。"

所谓"航船"，宋明以来一般是指大体定期行驶的，多用以载运旅客的船舶。例如宋人赵彦卫《云麓漫钞》卷六所说到的："今浙西临流州县，凡载行旅之舟，谓之'航船'。"

明清时代又曾经有专门运载单人旅客的航船，"一舟只载一人，不附他客，谓之'单装'"。运费大致有确定的标准，由浔阳（今江西九江）到武昌大约用钱三贯，正如徐世溥《楚谣》中所说："武昌只索钱三贯，双桨'单装'任往还。"

反映舟船行旅生活情状的古人诗文，又可见于杨慎

《竹枝词》"下水上风来往惯""冷风寒雨宿天涯"等诗句。元人周巽《竹枝歌》也写道:"叠嶂连云气势高,江心巨石吼洪涛。怪底终年行路者,艰危如此不辞劳。"乘舟行旅尽管会有乘风逐浪的便利,可以"行无辙迹,止无所根,不疾而速,忽若驰奔",(〔晋〕枣据:《船赋》)然而又必须经历种种风涛"艰危",特别当逆水逆风而行时,往往要用人力拉纤,才能艰难前进。清人赵翼《归途阻风》诗所谓"水撑两篙弯,岸挽一纤直"就说到这种情形。元人周巽所作《竹枝歌》中,又可以看到这样的描述:"滟滪堆前十二滩,滩声破胆落奔湍。巴人缓步牵江去,楚客齐歌行路难。""百丈牵江江岸长,生愁险处是瞿塘。猿啼三声齐堕泪,路转九回空断肠。"在这种情况下,行旅之客往往"不敢端然坐,常随挽纤人"(〔清〕孙枝蔚:《黄河舟中》诗其四)。

《醒世恒言》卷二五《独孤生归途闹梦》比较详尽地描绘了乘坐"川船"经过三峡航道时行旅的"艰危":"且说遐叔在路,晓行夜宿,整整的一个月,来到荆州地面。下了川船,从此一路都是上水。除非大顺风,方使得布帆。风略小些,便要扯着'百丈'。你道怎么叫做'百丈'?原来就是纤子。只那川船上的有些不同:用着一寸多宽的毛竹片子,将生漆绞着麻丝接成的,约有一百多丈,为此川中人叫做'百丈'。在船头立个辘轳,将'百丈'盘于其上。岸上扯的人,只听船中打鼓为号。遐叔看了,方才记得杜子美有诗道:'百丈内江船。'又道:'打鼓发船何处郎。'却就是这件东西。又走了十余日,才是黄牛峡……这峡中的水更溜,急切不能勾到。因此上有个俗谚云:'朝见黄牛,暮见黄牛;朝朝暮暮,黄牛如故。'又走了十余日,才是瞿塘峡。这水一发急紧。峡中有座石山,叫做滟滪堆。四五月间水涨,这堆止留一些些在水面上,下水的船,一时不及回避,触着这堆,船便粉碎,尤为利害。遐叔见了这般险路,叹道:'万里投人,尚未知失得如何,却先受许多惊恐!我娘子怎生知道?'原来巴东峡江一连三个:第一是瞿塘峡,第二是广阳峡,第三是巫峡。三峡之中,唯巫峡最长。两岸都是高山峻岭,古木阴森,映蔽江面,止露得中间一线的青天。除非日月正中时分,方有光明透下。数百里内,岸上绝无人烟,惟闻猿声昼夜不断。因此有个俗谚云:'巴东三峡巫峡长,猿鸣三声断客肠。'"

不仅漫长的"上水"行程,"人烟"断绝,"猿声"凄切,使行客不免"断肠";江峡"险路",浪涛"急紧",尤其令旅人内心"惊恐"。

旅食与旅宿

饮食和住宿，是行旅生活中必然面临的问题。只有满足这两项基本需求，才能保障行旅的圆满完成。

东汉末年，张鲁在汉中地区以"五斗米道"组织民众，实际上控制了地方政权，在当地推行"大都与黄巾相似"的制度。其宗教组织的首领称作"祭酒"。据《三国志·魏书·张鲁传》记载，诸位祭酒在各自所管辖的地区，都分别设置类同于国家行旅服务设施"亭"和"传"那样的"义舍"，作为行旅者临时的住所。又置办所谓"义米肉"，悬挂在"义舍"中。行旅者经过这里时，可以根据自己的需要随意取用。但是如果取用过多，则会受到"五斗米道"的惩罚。这种无偿为行旅者提供食宿条件的制度，其特点明显体现出原始共产主义的遗风。我国西南地区的有些少数民族，直到近世，仍然流行和这种制度相类似的风习。

张鲁的"义舍"和"义米肉"，在进入文明时代以后的行旅生活史中，只是一种不寻常的特例。

在一般情况下，行旅生活中的旅食和旅宿，在不同的历史时期，对于不同的社会阶层，当然也有不同的形式，作为行旅者，自然也有不同的感受。

1. 行旅饮食

早期的旅馆、客舍，曾经称作"逆旅"，大致取迎止旅客之义。《左传·僖公二年》有这样的内容："今虢为不道，保于逆旅。"杜预解释说："逆旅，客舍也。"这种设施，大约先秦时期已经多用"舍"的称呼。

"舍"字从"舌"，可能正与这里可以提供行旅饮食有关。《周礼·地官·遗人》曾经说到这样的制度："凡国野之道，十里有庐，庐有饮食；三十里有宿，宿有路室，路室有委；五十里有市，市有候馆，候馆有积。"所谓"委"和"积"，都是为提供行旅饮食而准备的更丰富的物质储积。汉代学者郑玄在注释中说，"庐"的作用，在于"徒有庌也"。也就是说，使行途之中有迎迓接待旅人的屋舍[1]。而"庌"字从"牙"与"舍"字从"舌"同样，都是发人深思的。《逸周书·大聚》说："二十里有舍。"而行军则以三十里为一舍。大约有关这种设施的制度并不十分严格，然而其性质在于为行旅者提供以饮食为内容之一的

---

[1] 清人程穆衡在《迓亭记》中曾经写道："汉野路候迎宾客之处曰'庌舍'，'庌'者，迓也，迓而舍之也。"

服务，则是明确的。

《史记·孟尝君列传》中有这样一个故事：冯骓听说孟尝君礼贤好客，于是前往投奔。孟尝君将他安置在"传舍"中，十天之后，问传舍长客人在做什么，回答说客人弹着剑唱道："长铗归来乎，食无鱼。"孟尝君于是把他移置到"幸舍"，这里提供的饮食已经有鱼了。五天后，又问传舍长，回答说客人又弹着剑唱道："长铗归来乎，出无舆。"孟尝君又把他移置到"代舍"，于是出入配备了乘车。五天之后，孟尝君再次问传舍长，得知他仍然不满意，弹着剑唱："长铗归来乎，无以为家。"于是心中不悦。然而后来正是这位冯先生为孟尝君到薛地收债，巧妙地为他赢得了民心。"食无鱼"的故事，也说明一般的"舍"大致都是提供饮食的。而饮食品种又因地位级差有所不同。

秦末战争中，郦食其求见刘邦。刘邦至于高阳传舍，命人召见郦生。郦生入见时，刘邦正靠在床边让两个女子为他洗脚。郦生严厉地指出，如果有灭秦之志，就不应当以傲慢的态度对待长者。刘邦于是起身敛衣，恭敬地把郦生让到上座。郦食其为他陈说灭秦战略。于是，"沛公喜，赐郦生食"（《史记·郦生陆贾列传》）。可见"传舍"确实可以供应行旅饮食，而且这种供应一般情况下可能只针对有一定地位的公务人员。《史记·范雎蔡泽列传》说，范睢初到咸阳，有人把他推荐给秦王，而"秦王弗信，使舍食草具，待命岁余"，秦王并不予以信任，安排"舍"以规格简单的饮食接待，竟然闲居一年多不予召见。"使舍食草具"，也说明"舍"提供饮食的事实。

《汉书·循吏传·黄霸》说，颍川太守黄霸曾派遣可靠吏员密行司察，"吏出，不敢舍邮亭，食于道旁"，说明按照常规，"邮亭"一类交通机构是应当为出差的公务人员供应饮食的。

在一般情况下，行旅之人往往自身携带干燥、轻便、不易腐坏的食品以备旅途食用。王充《论衡·艺增》说："且周殷士卒，皆赍盛粮。"宋人楼钥《跋从子深所藏书画》写道："问所携，前则草履，后则干粮。"《警世通言》卷二一《赵太祖千里送京娘》说到赵匡胤与京娘准备启程时的情形："五更鸡唱，景清起身安排早饭，又备些干粮牛脯，为路中之用。"清人李倬云《乞儿行》也写道："羞涩客囊空，聊复遗干糇。""糇"作为干粮，又见于《诗经·大雅·公刘》所谓"乃裹糇粮，于橐于囊"。

《北堂书钞》卷七六引《东观汉记》说，元贺迁任九江太守，巡行属县，"持干糒，但就温汤而已"。说这位地方行政长官在属地视察，一路拒绝招待，只以"干糒"就温开水作为饮食。唐代著名文学家韩愈的《送穷文》中，也可以看到所谓"窃具船与车，备载糗粮，日吉时良，利行四方"的文句。说民间举行"送穷鬼"的仪礼时，要为"穷鬼"远行准备"车""船"和"糗粮"。"干糒"和"糗糒"，都是行旅时所食用的干粮。所谓"糒脯出乎车轸"（《后汉书·文苑列传下·赵壹》），表明乘车行旅时，这些干粮往往悬系在车中横木上。

大部队行军远征，途中难以随处得到饮食供应，士卒所携带的干粮，也称作"糒""糗"。

《吕氏春秋·悔过》记载，秦穆公兴师"行数千里"袭击郑国，郑国商人弦高中途迎遇这支远征军，于是假借郑国国君之命犒劳秦军将士，说道："惟恐士卒罢弊与糗粮匮乏。"《后汉书·隗嚣传》说，隗嚣兵败，"病且饿，出城餐糗糒，恚愤而死"。李贤在注释中引述汉代人的说法，谈到了这类干粮的制作方式，说"糗"是大豆和米熬制而成，"糒"则是一种"干饭"。《尚书·费誓》说到"糗粮"，汉代学者郑玄说，这种干粮是把米麦熬熟，然后再捣成粉末状。北魏人贾思勰在《齐民要术》卷九《飧饭》记载"作粳米糗糒法"，说道："取粳米，汰洒，作饭，曝令燥。捣细，磨，粗细作两种折。"最后一句，是指细的过筛，粗的再磨一遍。贾思勰又说到一种把枣蒸熟，然后榨取膏汁，掺和进米糒的所谓"粳米枣糒"，大约制作一升糒，要用枣一升。贾思勰又引用东汉学者崔寔的话说："五月多作糒，以供出入之粮。"看来，这类干粮长期作为"出入之粮"在行旅生活中发挥着相当重要的作用。清人沈复《浮生六记》中"坎坷记愁"所谓"囊饼徒步，且食且行"反映了食用干粮的方式。

《史记·李将军列传》记载，于塞外击匈奴时，大将军卫青曾经派遣属下军官给李广送去"糒醪"。"醪"是一种浊酒。高级将领得到的供应包括酒，而一般士兵在北边大漠长途行军时，甚至有携带冰块以克服干渴的情形。《汉书·李陵传》说，李陵率部苦战突围，"令军士人持二升糒，一半冰，期至遮虏鄣者相待"。即命令部下各自为战，每人随身携带二升干粮，一片冰，约定在称作遮虏鄣的汉边塞据点会合。颜师古在注解《汉书》时说："时冬寒有冰，持之以备渴也。"由此可见军旅生活的艰苦。[1]至于西汉名将霍去病出征时，汉武帝命令皇家饮食服务部门专门为他载运数十车的食品饮料，以致回军时往往扔掉许多好米好肉，当然是极其特殊的情形。与此对比，我们又可以看到

1　《世说新语·假谲》中关于"望梅止渴"的著名故事，也可以反映长途行军苦于干渴的情形："魏武行役，失汲道，军皆渴，乃令曰：'前有大梅林，饶子，甘酸，可以解渴。'士卒闻之，口皆出水，乘此得及前源。"

一般士兵在塞外远征、行军作战时,往往"乏粮,或不能自振"(《史记·卫将军骠骑列传》)的境遇。

《齐民要术》卷九《煮䊿》说到制作一种称作"䊿秅"的方法,又引《食次》说:"宿客足,作䊿秅。"大概这是一种为行旅者提供的方便饮料。也有人认为这是一种糊状食品。

一般情况下,自带干粮的旅客如果有条件歇息并且有充足的饮水,便能够基本得以休息身心,补充体力。正如范成大《夏时田园杂兴》诗中所写到的:"黄尘行客汗如浆,少住侬家漱井香。借与门前磐石坐,柳阴亭午正风凉。"

酒,无疑是古代行旅生活中最为多见的饮料。《喻世明言》卷二〇《陈从善梅岭失浑家》写到行旅途中所见酒店的情景:

> 离了东京,十里长亭,五里短亭,迤逦而进。一路上,但见:村前茅舍,庄后竹篱。村醪香透磁缸,浊酒满盛瓦瓮。架上麻衣,昨日芒郎留下当;酒帘大字,乡中学究醉时书。沽酒客暂解担囊,趱路人不停车马。

同书卷五《穷马周遭际卖䭔媪》又说到客店多兼营酒业,

而行旅之人往往聚集于此，借饮酒解除旅途疲劳，消释离乡愁思的情形。"马周来到新丰市上，天色已晚，只拣个大大客店，踱将进去。但见红尘滚滚，车马纷纷，许多商贩客人，驮着货物，挨三顶五的进店安歇。店主王公迎接了，慌忙指派房头，堆放行旅。众客人寻行逐队，各据坐头，讨浆索酒。小二哥搬运不迭，忙得似走马灯一般。"又如《水浒传》第十一回《朱贵水亭施号箭　林冲雪夜上梁山》中也写道："林冲与柴大官人别后，上路行了十数日"，时遇风雪，天色又晚，于是走进一家酒店，拣一处坐下，"只见一个酒保来问道：'客官打多少酒？'林冲道：'先取两角酒来。'酒保将个桶儿打两角酒，将来放在桌上。林冲又问道：'有甚么下酒？'酒保道：'有生熟牛肉、肥鹅、嫩鸡。'林冲道：'先切二斤熟牛肉来。'酒保去不多时，将来铺下一大盘牛肉，数般菜蔬，放个大碗，一面筛酒。"这段描写，从一个侧面较为生动形象地体现了民间行旅生活中饮食的形式。其他梁山英雄如武松，于行旅途中在"三碗不过冈"招旗下豪饮，"前后共吃了十八碗"的故事，更是人所熟知的。

《警世通言》卷二一《赵太祖千里送京娘》中尽管有"大鱼大肉，热酒热饭""放量大嚼"的场面，然而更多有饮食十分简单，甚至要旅人自己动手做饭的情形。例如，赵匡胤行到一个市镇，"腹中饥饿，带住辔头"，敲开一位老婆婆的门，说道："婆婆休讶，俺是过路客人，带有女眷，要借婆婆家中火，吃了饭就走的。""婆婆道：'仔细！有见成馍馍，烧口热水，等你来吃，饭却不方便。'"又如《喻世明言》卷一九《杨谦之客舫遇侠僧》写道："二人来到镇江，雇只大船。周望、杨益用了中间几个大舱口，其余舱口，俱是水手搭人觅钱，搭有三四十人。内有一个游方僧人，上湖广武当去烧香的，也搭在众人舱里。这僧人说是伏牛山来的，且是粗鲁，不肯小心。共舱有十二三个人，都不喜他，他倒要人煮茶做饭与他吃。"这段文字，除了记述行旅雇船搭船的形式而外，也告诉我们，在一般情况下，旅客都要自己动手"煮茶做饭"。这种饮食一般是非常粗劣的。元人王恽所作《竹枝词》描写船工生活，也有"两盂闷饭无盐菜，风风雨雨一叶舟"的词句。

《水浒传》第五十六回《吴用使时迁盗甲 汤隆赚徐宁上山》说，时迁偷甲得手，连夜潜回，天色未晓时，即"出离店肆，投东便走。行到四十里外，方才去食店里打火做些饭吃"。

陆游诗作《十一月上七日蔬饭骡岭小店》写到行旅途中在山中小店享用"蔬饭"的情形：

新粳炊饭白胜玉，枯松作薪香出屋。

冰蔬雪菌竞登盘，瓦钵毡巾俱不俗。

晓途微雨压征尘，午店清泉带修竹。

建溪小春初出碾，一碗细乳浮银粟。

老来畏酒厌鱼荤，却喜今朝食无肉。

……

山店饮食虽简单朴素，然而似乎更投合许多行旅者的要求。他的《自山中夜行还湖上》诗也写道："道边野店得小憩，一杯浊酒倾残瓶。登盘绝爱畦韭美，镣釜未厌溪鳞腥。"与提供新茶不同，这家"野店"以"浊酒"作为饮料。[1]而所谓"村醅酸薄陈山果，旅饭萧条嚼冻齑"（《客怀》），则说的是山村野酿质量的低劣。而较"嚼冻齑"更为严重的，又可以看到因天气严寒而"果蔬悉已冰，熟视不得尝"（《十月暄甚人多疾十六日风雨作寒气候方少正作短歌以记之》）的情形。

顾炎武的《土门旅宿》诗曾经如此记述行旅生活的艰苦："市酒薄驱冬宿冷，山蕨轻压晓行饥。"饮食之粗陋，不足以抵御饥寒。他的《旅中》诗，则又说到经历社会下

---

[1] "茶"和"酒" 一般是旅食供应点最常见的饮料，又见于白居易《北亭招客》诗："小盏吹醅尝冷酒，深炉敲火炙新茶。"

层人行旅生活的感受:"久客仍流转,愁人独远征。釜遭行路夺,席与舍儿争。混迹同佣贩,甘心变姓名。寒依车下草,饥糁铛中羹。"由此可以了解"佣贩"一类人包括饮食内容在内的行旅生活的水平。

有时又可以看到行旅生活条件下降到极点,以致饮食也无法得到保证的情形,如贾岛《冬夜》诗所谓:"羁旅复经冬,瓢空盎亦空。泪流塞枕上,迹绝旧山中。"情形更为严重时,行旅者甚至不得不"乞于涂"(《晏子春秋·内篇·杂上第五》),也就是沿途乞讨饮食。较早的实例,有政治流亡时代的晋文公重耳于行旅途中"乞食于野人"的故事(《左传·僖公二十三年》)。《列子·汤问》说,韩国著名歌手韩娥行旅至于东方的齐国,因"匮粮",于是在齐国都城的雍门"鬻歌假食",卖唱以换取饮食。唐人李公佐的《谢小娥传》中,也写到主人公"流转乞食"的经历。顾炎武的《邢州》诗记述于邢州一带行旅的感受,也有"乞食向野人,从之问桑麻"的诗句。至于完全出于饥饿的原因而流徙的史籍称作"乞活"的活动,从某种意义上也可以看作一种形式特殊的行旅生活。

2. 宿息·宿泊

长距离行旅必须中途歇宿。

《周礼·秋官·野庐氏》中说到,"野庐氏"这一官职主要负责多种交通设施的建设和管理。例如:"比国郊及野之道路、宿息、井、树"都由他负责建设和管理。汉代学者郑玄解释说,"比"是指"校",也就是考察监理,"宿息",是指"庐"一类行旅宾客晚间停留歇宿以及白天暂时休息的处所。此外,对于行旅中途歇息来说,"井"可以提供饮用的便利[1],"树"可以遮蔽骄阳和风雨。

东汉中期,王奂升任汉阳太守,启程赴任,途中见到友人范冉,于是下车相互致礼,又说道,行路仓促,不是畅叙离别之情的地方,"可共到前亭宿息,以叙分隔"(《后汉书·独行列传·范冉》)。可见,当时的"亭",具有为行旅宿息提供服务的功能。不过,它的服务对象,大约有社会等级的局限。项羽兵败,来到乌江渡口,"乌江亭长舣船待"(《史记·项羽本纪》)。李广夜行,经过霸陵亭,霸陵尉"止(李)广宿亭下"(《史记·李将军列传》)。此外,历史文献中又可以看到官员"止亭舍"(《后汉书·第五伦传》),"息亭舍"(《后汉书·循吏列传·刘宠》),以及"每行县止息亭传"(《后汉书·刘宽传》),"观政于亭传"(《后汉书·左雄传》)等记载,这都说明"亭"的设

---

1 晋人孙楚《井赋》:"渴人来翔,行旅是赖。"

置，主要是为负有一定行政责任的官吏阶层服务的。《元典章·户部二·官吏》写道："江南之任官员"，可以"宿顿馆驿，放支饮食马匹草料"，希望行旅官员不致沿路感到有所不便。实行的也是大体类似的制度。

一般平民，则往往大都在民间经营的旅店中歇宿。《包龙图智勘后庭花》第三折写到行旅中投宿旅店的情节：

> （净扮店小二上诗云）酒店门前七尺布，过来过往寻主顾。昨日做了十瓮酒，倒有七缸似头醋。自家是这汴梁城中狮子店小二哥的便是。开着这一座店，南来北往，经商客旅，都是俺这店中安下。今日天晚，看门前有甚么人来。（旦上云）正走间被巡城卒冲散了俺母亲，不知所在。天色晚了，我去这店里寻一个宵宿处。（做见小二科，云）哥哥，我来投宿。（小二云）小娘子，头间房儿干净。（旦云）你与我一个灯咱。（小二云）我与你点上这灯。

《水浒传》第六十一回《吴用智赚玉麒麟　张顺夜闹金沙渡》也写道：

> 且说吴用、李逵二人往北京去，行了四五日路

程,每日天晚投店安歇,平明打火上路。……行了几日,赶到北京城外店肆里歇下。当晚李逵去厨下做饭,一拳打得店小二吐血。小二哥来房里告诉吴用道:"你家哑道童忒狠,小人烧火迟了些,就打得小人吐血!"

这种要旅客自己动手做饭,店家只协助烧火的旅店,住宿条件想必也相当简陋。

在某些可以反映当时社会生活状况的古典文学作品中,有关于旅店夜宿情形的片段记述。例如,《警世通言》卷三七《万秀娘仇报山亭儿》写道:"当日天色晚,见一所客店,姊妹两人解了房,讨些饭吃了。万秀娘在客店内床上睡,尹宗在床面前打铺。"此外,又如卷三四《王娇鸾百年长恨》关于张乙住店遇女鬼的故事,也可以告诉人们一般旅店客房内设施的基本配置,以及通常情况下旅客就宿的习惯行为。"话说江西饶州府余干县长乐村,有一小民叫做张乙。因贩些杂货到于县中,夜深投宿城外一邸店,客房已满,不能相容。间壁锁下一空房,却无人住。张乙道:'店主人,何不开此房与我?'主人道:'此房中有鬼,不敢留客。'张乙道:'便有鬼,我何惧哉!'主人只得开锁,将灯一盏,扫帚一把,交与张乙。张乙进房,把灯放稳,挑得亮亮的。房中有破床一张,尘埃堆积,用扫帚扫净，展上铺盖，讨些酒饭吃了，推转房门，脱衣而睡。"

除了借宿于旅店之外，民间行旅中还可以看到若干解决中途歇宿的其他方式。例如《初刻拍案惊奇》卷四《程元玉店肆代偿钱　十一郎云岗纵谭侠》写道："程元玉在马上问他道：'前面到何处可以宿歇？'那人道：'此去六十里，有杨松镇，是个安歇客商的所在，近处却无宿头。'程元玉也晓得有个杨松镇，就问道：'今日晏了些，还可到得那么？'那人抬头把日影看了一看道：'我到得，你到不得。'"所谓"宿头"，是指可以结束当日行程的歇宿之处。如果行速迟缓，或者有其他原因"到不得""宿头"，如曹操《苦寒行》所谓"迷惑失故路，薄暮无宿栖"，那么，只能另外寻找夜宿的处所与方式。《警世通言》卷三三《乔彦杰一妾破家》写道："且说乔俊一路搭船，不则一日，来到北新关。天色晚了，便投一个相识船主人家宿歇。"情形类似，而求宿人家并不相识者，当然更为普遍。又如《水浒传》第二回《王教头私走延安府　九纹龙大闹史家村》也说，王进母子匆忙西行，"在路上不觉错过了宿头"，只得前往史家村借宿，行礼拜求道："小人子母二人贪行了些路程，错过了宿店，来到这里，前不巴村，后不巴店，欲投贵庄借宿一宵，明日早行。依例拜纳房金。万望周全方便！"史太公答道："不妨，如今世上人那个顶着房屋走哩！"《儒林外史》第三十五回《圣天子求贤问道　庄征君辞爵还家》也写道，庄绍光离京南行，"那日天气寒冷，多走了几里路，投不着宿头，只得走小路，到一个人家去借宿。那人家住着一间草房，里面点着一盏灯，一个六七十岁的老人家站在门首。"于是上前行礼说道："老爹，我是行路的，错过了宿头，要借老爹这里住一夜，明早拜纳房金。"那老人答道："客官，你行路的人，谁家顶着房子走？借住不妨。只是我家只得一间屋，夫妻两口住着，都有七十多岁，不幸今早又把个老妻死了，没钱买棺材，现停在屋里。客官却在那里住？况你又有车子，如何拿得进来？"庄绍光则说："不妨，我只须一席之地，将就过一夜，车子叫他在门外罢了。"于是走进屋里，见那老妇人尸首直僵僵停着，旁边一张土炕。庄绍光铺下行李，叫小厮同车夫睡在车上，让那老爹睡在炕里边，自己在炕外睡下。不想那老爹夜里竟也死去，"一间屋里，只横着两个尸首"。庄绍光于是心中不禁深自懊悔，想道："'吉凶悔吝生乎动'，我若坐在家里，不出来走这一番，今日也不得受这一场虚惊！"

所谓"依例拜纳房金"，说明行旅生活中这种临时借宿的情形相当普遍，以致民间似乎已经有大致形成定规的收费标准。

如同庄绍光的小厮和车夫那样在车上歇宿的方式,在古代行旅生活中是比较普遍的。

《穆天子传》卷一说,周穆王北行,到达可能位于山西平定的盘石,当晚"载立不舍",也就是说,侍从人员都随车露宿,不再另设营帐。《晋书·王尼传》记载中原战乱,王尼辗转远行,避乱江夏的情形:

> (王)尼早丧妇,止有一子。无居宅,惟畜露车,有牛一头,每行,辄使子御之,暮则共宿车上。常叹曰:"沧海横流,处处不安也。"

顾炎武《与江南诸子别》诗写道:"诸公莫效王尼叹,随处容身足草庐。"作为于行旅生活中开辟政治道路和学术道路的著名思想家,他一方面承认这种行旅生活的艰苦,另一方面,又能够以乐观的精神一步步继续踏上新的"处处不安"的艰苦行程。

《后汉书·独行列传·范冉》记载,范冉遭遇党锢之祸,于是手推鹿车(当时的一种独轮车),载妻子,"或寓息客庐,或依宿树荫,如此十余年","所止单陋,有时粮粒尽,穷居自若,言貌无改"。

一般来说，帝王贵族出行时止宿野外，"露次田中"（《后汉书·献帝纪》），往往是在非常形势下不得已的行为。不过，据说"避舍露宿"曾经被看作请罪自责的姿态（《韩非子·外储说右上》），而"去舍露宿"，则又曾经被视为"以示平易"的方式（《淮南子·道应训》）。显然，"露宿"，长期以来一直是社会下层行旅生活中中途休宿的一般形式之一。至于军队出征时在野外宿营，即所谓"露营野次"，当然是非常普遍的情形。

《后汉书·独行列传·刘翊》说，汉献帝迁都西京，刘翊被任用为上计掾，"是时寇贼兴起，道路隔绝，使驿稀有达者"。刘翊"夜行昼伏"，才辗转抵达长安。由于社会变乱，"使驿"往来这种政府公务人员通常的行旅方式事实上已经中止。然而就民间行旅生活来说，所谓"夜行昼伏"，也是非同寻常的。这种行旅方式中途停歇的特点，自然与一般情形有所不同。

乘坐舟船行旅，休宿大都仍在船舱中。《醒世恒言》卷三二《黄秀才徼灵玉马坠》写道，黄生搭乘顺船得到接纳，水手安排说，"但前舱货物充满，只可于艄头存坐，夜间在后火舱歇宿"。船家、雇主以及正式的航船乘客，夜间歇宿条件当然还要好一些。除了水行途中不得不在船上歇宿而外，也有到达目的地之后仍然以舟船作为居处的情形。例如《初刻拍案惊奇》卷三二《乔兑换胡子宣淫 显报施卧师入定》写道:"到了秀州,唐卿更不寻店家,就在船上作寓。"

杜甫诗所谓"客睡何曾著,秋天不肯明,入帘残月影,高枕远江声"(《客夜》),清人黄景仁诗所谓"水声到枕今何时?""扁舟梦断五更冷""倾耳微闻折竹声,推篷已失飞鸿影"(《舟夜寄别左杏庄》),等等,都真切描绘了舟行旅宿的情景。

3. 民间行旅食宿服务业的经营

《庄子·山木》说,阳子来到宋国,"宿于逆旅","逆旅人"有两个妾,其中一个美,一个丑,然而丑陋的妾受到敬重,漂亮的妾却地位轻贱。阳子询问其缘故,"逆旅小子"回答说,美的妾自诩其美,我却看不到她的美;丑的妾自惭其丑,我却看不到她的丑。"逆旅",也就是服务于行旅的客舍。这里所说到的"逆旅人"以及"逆旅小子",可能就是这种客舍、旅店的主办者与经营者。

据《后汉书·儒林列传·周防》记述,周防的父亲周扬自幼出身孤微,"常修逆旅,以供过客,而不受其报"。创建并经营"逆旅"以服务于"过客",却不收受报酬,当然是一种例外。在一般情况下,民间行旅饮食服务业是作为一种营生手段而出现在社会生活中的。

唐人刘长卿《早春赠别赵居士还江左时长卿下第归嵩阳旧居》诗写道:"逆旅乡梦频,春风客心碎。"宋人叶适《剡溪舟中》诗也写道:"自伤憔悴少筋骨,半生逆旅长太息。"可见后世民间仍然有沿用"逆旅"这一称呼的情形。

孟尝君的"舍",大致体现出非官方的民营的性质。《史记·扁鹊仓公列传》说,扁鹊"少时为人舍长","舍客长桑君过",扁鹊总是谦恭相待,长桑君于是传以禁方奇药,扁鹊从此成为神医。所谓"舍长",有人解释说:"守客馆之师。"大约"为人舍长",是说为他人拥有所有权的客舍承当管理的责任。在这里,主持"舍"的管理者被称作"舍长",而寄居于"舍"的旅客被称作"舍客"。然而《史记·商君列传》的记述则不同,"客舍"的主人被称作"客人",安顿投宿的旅客被称作"舍人":

秦孝公卒,太子立。公子虔之徒告商君欲反,发吏捕商君。商君亡至关下,欲舍客舍。客人不知其是商君也,曰:"商君之法,舍人无验者坐之。"商君喟然叹曰:"嗟乎,为法之敝一至此哉!"去之魏。

后来这位变法的发起者终于被处死,并且以"车裂"的方式示众。这就是"作法自敝"(又称作"作法自弊""作法自毙")的故事。客舍主人也就是"客人",受到国家法令的严格限制。但是我们看到,法令之严酷,体现在对于收容"无验"旅客这一行为处罚之严厉,至于"客人"对"客舍"的所有权和经营权,却并不予以否定。

"舍"是早期为旅客提供食宿服务的旅舍、客舍的通行的称呼。而后来性质相同或相近的"舘(馆)""舖(铺)"等,字形皆从"舍",原因或许正在这里。自宋代起,邮递驿站称为"铺"。这一制度一直沿袭到明清。现今仍有称"十里铺""二十里铺""三十里铺"的地名,其实就是这一历史现象的遗存。《元史·兵志四》说:"元制,设急递铺,以达四方文书之往来。""每十里或十五里、二十五里,则设一铺。"每铺置"铺丁""铺兵"。铺驿邮递系统用马称作"铺马"。明人叶子奇《草木子》卷三下也说:"州县凡十里立一铺。"《水浒传》第一回《张天师祈禳瘟疫　洪太尉误走妖魔》写道,洪信辞别天子,"带了数十人,上了铺马,一行部从,离了东京,取路径投信州贵溪县(今江西贵溪)来"。就是关于使用"铺马"的例子。

旅舍、客舍后来多通称为"店"。例如杜甫《将赴成都草堂途中有作先寄严郑公五首》其三:"过客径须愁出入","野店山桥送马蹄"。岑参《汉川山行呈成少尹》诗:"山店云迎客,江村犬吠船。"杨万里《不寐》诗:"忽思春雨宿茅店,最苦仆夫催去程。"其中所说到的"店",都是行旅停宿之地。陆游《双流旅舍》诗:"孤市人稀冷欲冰,昏昏一盏店家灯。"又说"店家"亦即"旅舍"作为行旅服务部门,大概是旦夕昏晓并不间断营业。

杂剧《醉思乡王粲登楼》第一折写店小二向王粲讨取拖欠"房宿饭钱"的情形:

> (丑扮店小二上)……自家店小二是也。有那南来北往,经商客旅,做买做卖的人,都在我这店中安下。一个月前,有个王粲在我店肆中居住,房宿饭钱,都少了我的。我便罢了,大主人家埋怨我。我如今叫他出来,算算帐,讨还我这房宿饭钱。王先生出来!

这里"店小二"是"大主人家"雇用的伙计。但是也有称店主为"店小二"的。"店小二"又称"店家""店保""店二哥""店小儿""店小二哥"。旅店的管事人员也称作"店都知"。一般来说,所谓"以供过客,而不受其报"的情形,是极其特殊的,经营行旅饮食服务业,总是要通过"房宿饭钱"赢利的,于是有"临道店舍,乃求利之徒,事业污杂，非敦本之义"(《隋书·李谔传》)的说法。尽管如此，这一因"求利"而被斥为"污杂"的"事业"，客观上毕竟起到了便利行旅生活、促进交通进步的作用。

旅途中在客店进食歇息，称作"打火""打尖"。杂剧《邯郸道省悟黄粱梦》第一折："老身黄化店人氏王婆是也，我开着这个打火店，我烧的这汤锅热着，看有甚么人来。"《西游记》第八十四回《难灭伽持圆大觉 法王成正体天然》："我们共有十个弟兄，我四个先来赁店房打火；还有六个在城外借歇。"《老残游记》第七回《借箸代筹一县策 纳楹闲访百城书》中，老残说："你应该打尖了，就到我住的店里去坐坐谈谈罢。"那人道："这是什么时候，我已打过尖了，今天还要赶路程呢。"清人福格《听雨丛谈》卷一一有"打尖"条，其中写道：

> 今人行役，于日中投店而饭，谓之"打尖"。皆不喻其字义。或曰中途为住宿之间，乃误"间"而为"尖"也。谨按《翠华巡幸》，谓中顿为"中火"。又见宋元人小说，谓途中之餐曰"打火"。自是因"火"字而误为"尖"也。

由"打火"而误为"打尖"的推想，当是由字形相近分析，然而并不合于民间语汇演变多音近而讹的一般情形。不过，对于"打尖"之语源，至今似乎尚未有人提出有充分说服力的分析。

陆游《宿武连县驿》诗写道："野店风霜俶装早，县桥灯火下程迟。"《杭头晚兴》诗其二又写道："落叶孤村晚下程，痴云残日半阴晴。"这里"下程"是指行旅中途的停驻休息。此外，又有"下程酒食"的说法，内容自然包括歇息时的饮食。民间往往又称行旅歇宿之处为"下处"。例如，宋人岳珂《宝真斋法书赞》卷二三《刘武忠书简帖》："水路迂涩，想劳神用安。下处已有，俟公到修治也。"又如《二刻拍案惊奇》卷一四《赵县君乔送黄柑　吴宣教干偿白镪》也说道："宣教抱头鼠窜走归下处，下处店家灯尚未熄。"《水浒传》第三回《史大郎夜走华阴县　鲁提辖拳打镇关西》也说，三拳打死镇关西之后，"鲁提辖回到下处，急急卷了些衣服盘缠，细软银两，但是旧衣粗重都弃了。提了一条齐眉短棒，奔出南门，一道烟走了"。

旅人经历一个阶段的艰苦行程，都切望得到理想的食宿条件以去除饥渴，休息体力，而美食与安宿，不仅是下一阶段行程顺利圆满的必要条件，甚至又关系着行历整个旅途的心理状态。行旅生活中的这些内容，都与民间相应的服务行业的形式和效能有关。

行程与行速

行旅路程和行旅速度可以体现一个社会、一个时代交通发展的水平和交往发达的程度。行程与行速作为反映行旅生活风貌的主要表现之一，同时又可以说明当时社会生活的节奏。由此也可以进一步认识当时社会文化的活力。就历史发展的总趋势而言，行旅的便捷，无疑也标志着文明的进步。

1. 远行的历史记录

根据《穆天子传》的记载，周穆王乘八骏之车游历西极，车辙所至，很可能已经到达中亚地区。这部书多有神秘主义色彩，当然不能作为信史来读。然而作者对于西方风物的真切描述，表明当时中原人已经通过行旅实践，得到了对于西域的许多知识。

在经济文化都得到空前发展的汉武帝时代，出现了一位以行旅实践影响历史进程的著名人物——张骞。张骞在汉武帝初年应募出使月氏，试图建立抗击匈奴的军事联盟。他穿越匈奴属地，经历大宛、康居、月氏，走到大夏，然后逾葱岭，沿昆仑山脉东行，经羌人和匈奴居地回国。往返途中，他曾经两次被匈奴扣押，第一次竟然长达十余年之久。这一次出使，前后历时十三年，同行者只有两人生还，行旅生活中的艰难险阻，可以想见。张骞第二次出使西域，是为了联合乌孙以制止匈奴的复起。他到达乌孙之后，又派遣若干名副使，分别前往大宛、月氏、大夏、安息、身毒（印度）、于阗、扜罙等国，使汉文化的直接影响推进到了中亚地区。张骞回国后，第二年就去世了。可以说，他一生中最光辉的成就，是在西北大漠中艰辛的行旅历程中取得的。他虽然没有圆满完成外交使命，但是却在沟通文化交流方面做出了开拓性的贡献，他因此而被汉武帝封为"博望侯"，千百年来享有"凿空汉使"的美誉。

东汉初年，久有"立功绝域"之志的班超奉命出使西域，平定五十余国。他在"道路隔绝"的情况下，"以一身转侧绝域"，历时三十一年，因安定远域之功被封为"定远侯"。史家赞美他不畏行旅艰险的精神："定远慷慨，专功西遐。坦步葱、雪，咫尺龙沙。"（《后汉书·班超传》）"葱""雪""龙沙"，是指葱岭、雪山和白龙堆沙漠。汉和帝永元九年（公元97年），班超派遣他的下属甘英又西行大秦,抵达条支[1],临大海而未渡。甘英和他的同伴们的足迹,已经到达今天的波斯湾地区。《后汉书·西域传》说他"抵条支而历安息,临西海以望大秦",所到之处,距离汉王朝的边塞玉门关、阳关远至四万余里,一路经历"气节凉暑之通隔,梯山栈谷绳行沙度之道,身热首痛风灾鬼难之域",于是使中国人开始得到关于"西遐"之地的全新的知识。对于所谓"梯山栈谷""身热首痛"等行旅条件,《汉书·西域传上》又有比较详尽的记述:

> ……又历大头痛、小头痛之山,赤土、身热之阪,令人身热无色,头痛呕吐,驴畜尽然。又有三池、盘石阪,道狭者尺六七寸,长者径三十里。临峥嵘不测之深,行者骑步相持,绳索相引,二千余里乃到县度。畜队,未半阮谷尽靡碎;人堕,势不得相收视。险阻危害,不可胜言。

关于头痛之山、身热之阪的记述,可能体现了高原行旅时所经历的高山反应。大阪深谷,道路狭窄,宽度只有汉尺一尺六七寸,折合现今尺度则不足四十厘米。通过时,骑

---
[1] 古大秦国,即古罗马帝国。古条支国,大致在今伊朗西部布什尔港附近一带。

行者和步行者必须相互护持,用绳索栏系牵引。如果牲畜坠落深谷,未及一半就已经粉身碎骨。如果行旅之人失足堕入深谷,连尸首也无法收殓。

张骞、班超等人行旅生活的收获,使得当时"发愤张胆",远行探险,甚至不惜"争膏身于夷狄以要功名"(《后汉书·班超传》),成为一时风气。通过这种现象,又可以看到"博望""定远",积极进取,曾经是我们民族的时代精神的显著特征之一。

唐代又有著名僧人玄奘自长安西行求法,历经千辛万苦,九死一生,终于到达印度。他撰成的《大唐西域记》书,记载了他游学行历以及得自传闻的一百三十八个以上的国家、城邦和地区的历史地理资料。唐代又有另一名不畏行旅艰险的高僧鉴真,应日僧的请求东渡日本,历时十二年,第六次航行始得到达。他们以百折不回的精神克服荒漠瀚海的阻障,终于创造远程行旅的历史记录的事迹,是中国人的骄傲。他们的行旅生活,对促进文化交往、推动历史进步有着特殊的意义。

行旅远游,在某些历史时期,曾经是世人所热切向往的事。

屈原在《离骚》中用"欲远集而无所止兮",形容神界行旅之"逍遥"。"远集"又写作"远进"。而在《远游》

中，他曾自陈"愿轻举而远游"的志向。班彪的《北征赋》，也有"超绝迹而远游"的词句。据《后汉书·张衡传》记载，张衡这位大科学家、大文学家在他"宣寄情志"的《思玄赋》中，也表露了向慕"远迹以飞声"的心理倾向。曹植的《闲居赋》表抒了"轻驾而远翔"的志趣。孔融又在《论盛孝章书》中写道，士人应当"高翔远引"。

不过，在《老子》所谓"不出户，知天下"，《论语·里仁》所谓"父母在，不远游"等思想原则影响下形成的文化传统，本质上是对"远游"取漠视和鄙视态度的。所谓"远集""远进""远游""远迹""远翔"等，有时只不过是一种体现文人浪漫骋想的虚华说法。

2. 行旅速度：急脚、快马、飞车

汉代的算术书《九章算术》中，有体现当时行车速度的资料。如卷六《均输》章关于"均赋粟"的算题说，"重车日行五十里，空车日行七十里"。在关于"程传委输"的算题中，也说到"车程"，也就是行车里程的日定额，同样也是："空车日行七十里，重车日行五十里。"

这是运输车辆的行程定额。至于专门载人的乘车，行驶速度有时可以相当高。

例如，《汉书·武五子传·昌邑哀王刘髆》说，昌邑王刘贺赴长安，"日中"时（大约11时至13时）从昌邑国出发，"晡时"（大约15时至17时）即抵达定陶，"行百三十五里，侍从者马死相望于道。"其车速可以达到每小时22.5至67.5里。侍从者骑乘的马因为追随轻车，以致疲惫而死，说明驰车的速度甚至可以远远超过骑乘骏马的人。《汉书·王吉传》还说道，刘贺前往方舆时，"曾不半日而驰二百里"，也是可以作为当时行车速度的例证。

这是短程高速驰车的情形。汉安帝于延光四年（公元125年）在行旅途中逝世，灵柩由叶县运回洛阳，"行四日，驱驰还宫"（《后汉书·皇后纪·安思阎皇后》）。以现今最便捷路线的公路营运里程计，日行60公里左右。柩车连续驰行，能够达到这样高的速度，是要克服许多不利因素的。秦始皇是最著名的游踪甚广的帝王，他平生八次出巡，其中五次在实现统一之后，行程都十分辽远。据说他的行旅经历，是极有助于成功地推行他的行政管理的。据司马迁在《史记·秦始皇本纪》中的记述，秦二世即位后，曾经追怀"先帝巡行郡县，以示强，威服海内"的成功，自以为年纪尚轻，刚刚即位，还不能威服四方民众，如果不外出作远程巡行，则令人怀疑自己的行政能力，以致无法统治天下。于是在即位当年的春天，"东行郡县"，他的车队先抵达碣石（在今河北秦皇岛），又沿海岸南下，到达会稽，然后又北上到辽东（今辽宁东部），再返回关中，"四月，二世还至咸阳"。秦二世和此次护从二世的丞相李斯都曾经随从秦始皇出巡，对于地理方位、山川形势、出行路线以及各地的道路条件必然有一定的了解，然而在两三个月之内，竟然能够行历如此漫长的路程，依然是十分惊人的。如果司马迁的记载不误，这一事实显然可以看作体现较高的行旅速度的史例。

汉代主要以驰骑形式进行的军政文书的传递，有严格的"程"，也就是单位时间内里程定额的限定。居延汉简中，可以看到有关"促毋失期""急行毋留"等内容，对于留迟失期，未达行速定额的情形，要予以严厉的处罚。如："书一日一夜当行百六十里"，"不中程，百里罚金半两，过百里至二百里一两，过二百里二两；不中程，车一里夺吏主者劳各一日，二里夺令□各一日"。行不中程，责任者要罚金，主管官员也要削夺以往的劳绩。汉代军情传递，正是所谓"驰行以急疾为故"，效率也非常高。据《汉书·赵充国传》记载，赵充国率部于湟中与羌人作战，向汉宣帝申奏作战方案以及宣帝表示认可的军事文书，往返前后不过七天。现今公路营运里程西安至西宁间计1242公里左右，可大致推知当时驿报行速为日行350公里左右。《汉官仪》记载，传递皇帝玺书的使者"乘驰传"而行，即可以利用最高等级的交通条件,"其驿骑也,三骑行,昼夜千里为程。"也说明当时驿传系统的效率。在专制制度下,有时又利用驿传系统不远千里转运南国果品,为最高统治阶层的消费生活服务。如"旧南海献龙眼、荔枝,十里一置,五里一候,奔腾阻险,死者继路。"(《后汉书·和帝纪》)

唐代快速驿递称作"急递"。后来又有"急脚递"之称。北宋制度,据沈括在《梦溪笔谈》卷一一《官政一》中介绍,"驿传旧有三等,日'步递''马递''急脚递'"。其中"急脚递"的速度最快,可以达到"日行四百里"。宋神宗熙宁年间,又设"金字牌急脚递",据说可以"日行五百余里"。宋、元、明时代,传递官府文书的驿站通称为"急递铺"。凡有官府文书送到,立即传递,不分昼夜,风雨无阻。

一般作为平民的旅人当然不能随意利用官府邮驿系统,但是道路以及相应的有关设施等基本的交通条件,同样可以服务于民间行旅生活。因而通过驿传系统的通行效率,也可以大致推知民间行旅的最高行速。《马可·波罗游记》第二十六章写到"设在所有大道上的驿站,徒步的信差和支付经费的办法":

> 从汗八里城(今北京),有通往各省四通八达的

> 道路。每条路上，也就是说在每一条大路上，按照市镇坐落的位置，每隔四十或五十公里之间，都设有驿站，筑有旅馆，接待过往商旅住宿。

可能确实无法完全排除"驿站"也"接待过往商旅住宿"的情形。然而在一般情况下，在同一地点既"设有驿站"，又"筑有旅馆"，"驿站"和"旅馆"并肩而立的情形，大概是相当普遍的。

事实上，历代又多有非法侵用邮驿条件以便利私家行旅的情形。即使在邮驿制度最为严格的元代，仍然频繁发生"以私事故选良马驰至死""枉道营私""枉道驰驿""诈改公牒多起马"（《元史·刑法志二》）的情形，此外，又多有冒充使臣，伪造给驿文字，起马匹舟船的情形，以及"诈传上司言语，擅起驿马"的情形。（《元史·刑法志四》）可见，利用邮传系统的马匹舟船等条件"驰驿"往来者，其中不乏以所谓"营私""逸游"等为目的的事实上的私人行旅活动。

民间急行传递书信的人，也称作"急脚"，或称作"急足""急脚子"。

《西游记》第三十五回《外道施威欺正性 心猿获宝伏邪魔》写道，孙悟空几番苦战，平退妖魔，救出唐僧和八戒、沙和尚，"唐僧谢之不尽道：'徒弟啊，多亏你受了劳苦！'行者笑道：'诚然劳苦。你们还只是吊着受疼，我老孙再不曾住脚，比急递铺的铺兵还甚，反复里外，奔波无已。'"事实上，确实有行旅速度超过职业"急脚"的情形。例如，《三国志·吴书·虞翻传》裴松之注引《吴书》说，虞翻曾经对孙策自称"能步行，日可二百里"，并且能够徒步追逐跃马。其中日行二百里的说法，《太平御览》卷三九四又引作"日可三百里"。《晋书·唐彬传》记载，唐彬"走及奔鹿"。《魏书·伊𩦱传》也记载，伊𩦱"走及奔马"。《太平御览》卷三九四引《赵书》："(刘灵)走及驰马。"《隋书·麦铁杖传》又说道，麦铁杖"骁勇有膂力，日行五百里，走及奔马"。后来曾经遇杨素驰驿归于京师，"铁杖步追之，每夜则同宿"。徒步追行驰驿，竟然可以紧随不舍，以致每天都能够停宿于一地。

民间行旅生活的行速，多随行客旅人的个人意愿和条件而各自不同。有行必急切，恨不逐日追风者，南朝宋人鲍照《上浔阳还都道中作》诗即表现了这种行旅生活的风格："客行惜日月，崩波不可留。侵星赴早路，毕景逐前俦。"说旅途应当珍惜光阴，时间如江波一般逝去，不可暂留，必须日夜兼行，晓起披星光，赶早路，昏暮逐落晖，追赶先行者。据《清稗类钞·舟车类》记载，民间为适应这种需要，曾经出现高速行驶、专门运载旅客远行的所谓"包赶程之车"："同治以前，行陆路来往京师者，有急事，则千里长途，驾骡车，戴星而行，数日可达。谓之'包赶程'。"

然而古人对于高速行旅，并不都完全赞同。苏轼有《夜泊牛口》诗，其中写道："人生本无事，苦为世味诱。""今予独何者，汲汲强奔走。"把行旅速度和人生哲学相联系，同时对过于急进的节奏不以为然。类似心情的表述，又见于范成大《余杭道中》诗所谓："五柳能消多许地，客程何苦镇匆匆！"他以为，如若取陶渊明平和不争的生活原则，那么，行旅途中绝对没有必要过于匆忙急促，以致劳苦不堪。

舟船水路行旅，行速更多地受到客观条件的影响。例如水文条件之流量流速，气象条件之风向风力等，都可以使舟船行驶速度出现极大的差别。条件的恶化，有时甚至使航行完全成为不可能。

南朝宋人谢惠连《西陵遇风献康乐》诗写道："曲汜薄停旅，通川绝行舟。"苏轼所作《十月二日将至涡口五里所遇风留宿》诗以及《发洪泽中途遇大风复还》诗、《六月七日泊金陵阻风得钟山泉公书寄诗为谢》诗，等等，也都描述了类似的情形。他的《大风留金山两日》诗写道："朝来白浪打苍崖，倒射轩窗作飞雨。龙骧万斛不敢过，渔舟一叶从掀舞。"则记叙了大风横来,阻断舟航的情景。明人高启的《江上阻雨》诗,又说到暴雨影响水上行程的情形:"高枕潺潺响夜泷,暗惊风雨到船窗。客程三日不得去,梦逐野鸥飞过江。"

至于一帆风顺、随波逐浪、疾行若电的情形,则见于李白的著名诗篇《早发白帝城》:

> 朝辞白帝彩云间,千里江陵一日还。
> 两岸猿声啼不住,轻舟已过万重山。

郦道元在《水经注·江水》中这样写道:"自三峡七百里中,两岸连山","至于夏水襄陵,沿溯阻绝,或王命急宣,有时朝发白帝,暮到江陵,其间千二百里,虽乘奔御风,不以疾也。"三峡形势,绝壁千丈,林木萧森,江水急泻而下,白帝、江陵之间1200里,确实浮行一日就可以抵达。看来李白所咏唱的名句,很可能得自于亲身经历的行旅生活。郦道元又引述袁山松的说法:"自蜀至此五千余里,下水五日,上水百日也。"说明了顺水与逆水行速的差别。而"五千余里,下水五日",也正是一日千里。

3. 晓行与夜行

古人行旅为了早日到达目的地，往往常采用延长路上行进时间的方式，常常凌晨及早启程和晚间推迟停宿。

杜甫的《自京赴奉先县咏怀五百字》中有"客子中夜发""凌晨过骊山"的诗句。半夜即从长安出发，凌晨已经经过骊山。岁暮夜寒，以致"霜严衣带断，指直不得结"。衣带已断，但是手指僵直而无法系结。白居易的《箬岘东池》诗有"中宵把火行人发，惊起双栖白鹭鸶"的词句。"中宵"出发，和杜甫诗中所谓"中夜发"大体相同。此外，他的《早发楚城驿》诗也写道："过雨尘埃灭，沿江道径平。月乘残夜出，人趁早凉行。寂历闲吟动，冥濛暗思生。荷塘翻露气，稻垄泻泉声。宿犬闻铃起，栖禽见火惊。昽昽烟树色，十里始天明。"相当具体地描绘了在残夜中乘月色踏上行途时的感受。一路弥漫着雨夜阴潮的露气，足音铃响和照明的火炬惊动了宿犬栖禽，沿途泉声隐隐，烟树迷蒙，行进十里之后天色才渐渐转明。又如《秋暮西归途中书情》诗："耿耿旅灯下，愁多常少眠。思乡贵早发，发在鸡鸣前。"说早发晓行的出发点，在于"思乡"之情的迫切。司马扎《道中早发》诗也写道："野店鸡一声，萧萧客车动。西峰带晓月，十里犹相送。"罗隐也曾经作有《早发》诗，陈述行旅"早发"的感受："北去南来无定居，此生生计竟何如？酷怜一觉平明睡，长被鸡声恶破除。"看来，晓行对于"北去南来"长年不能定居的旅人来说，是极寻常的事。

欧阳修的《奉使道中作》诗中也描述了早起晓行的情形："客梦方在家，角声已催晓。匆匆行人起，共怨角声早。马蹄终日践冰霜，未到思回空断肠。少贪梦里还家乐，早起前山路更长。"

陆游有许多诗作都把行旅生活中的类似情景作为描述的主题。例如：

> 灯前薄饭陈盐齑，带睡强出行江堤。
> 五更落月移树影，十月清霜侵马蹄。（《马上》）
> 喔喔江村鸡，迢迢县门漏。
> 河汉纵复横，繁星明如昼。（《早发新都驿》）

晓行贪程，带睡强出，难免情怀惨凄，步履疲惫。不过，这种艰难与辛劳却可以换取早日到达行旅终点的喜悦。正如陆游的《衢州早行》诗中所写到的："邻鸡已三号，残烛无一寸。参差发行囊，迢递望前顿。满靴霜若雪，破面风抵刃。敢辞行路难，渐喜京邑近。"

乘舟船行旅，也多有及早启程行进的情形。元代文士王恽曾经乘舟自闽中北还,听船工棹歌有感,于是作《竹枝词》十二阕,以"道其传送艰苦之状"。其中可见"睡思朦胧苦未休,棹歌催发五更头""梦惊篷底卧秋江,一句才终和者双"诸句。明人高启也曾作《舟中早行》诗:"隆隆津鼓动,江火留余闪。人家未起耕,近水寒扉掩。船开凫鸭散,树吐烟霏敛。东郭去方遥,青山见孤点。"细致的描写,可以使人真切感受到当时岸上人家尚掩门未起,江火闪烁,烟霏迷蒙,而舟船已经划波启航的情景。

司马迁在《史记·秦始皇本纪》中,记载了这样一个富有神秘主义色彩的故事。秦始皇三十六年(公元前211年)秋天,有使者从关东前往咸阳,"夜过华阴平舒道",有人手持玉璧拦截使者,请他把玉璧转交给滈池的水神"滈池君",并发表了秦始皇不久就要死去的预言,随后即隐身离去。经御府管理人员视察鉴定,这块玉璧竟是八年之前秦始皇出行途中渡江之前祭祀江神时已经沉入江中的那块。秦始皇后来果然在第二年去世。神异故事和夜行经历联系在一起,暗示在交通条件尚不十分完备的情况下,夜行者的行旅见闻往往大多笼罩着神秘甚至带有恐怖的气氛。

北朝时期,颜之推由周奔齐。当时黄河水暴涨,他却备船载妻子毅然夜渡,"经砥柱之险,时人称其勇决"

(《北齐书·文苑列传·颜之推》)。他的《从周入齐夜渡砥柱》诗，就记述了这一特殊的夜行经历。其中写道："侠客重艰辛，夜出小平津。马色迷关吏，鸡鸣起戍人，露鲜华剑彩，月照宝刀新。问我将何去，北海就孙宾。"如果略去他对刀剑行装的炫耀，人们体会到这位出身江南的书生在霜天月夜不畏艰辛、闯关夜渡时难得的侠勇精神，自然会在内心对这次夜中河关壮行赞叹不已。

岑参在《初过陇山途中呈宇文判官》诗中，曾经用这样的诗句记述夜行的景况和心情："山口月欲出，光照关城楼。溪流与松风，静夜相飕飕。别家赖归梦，山塞多离忧。与子且携手，不愁前路修。"白居易的《微雨夜行》诗也说到冒雨夜行的凄苦情状："漠漠秋云起，稍稍夜寒生。但觉衣裳湿，无点亦无声。"

陆游《自山中夜行还湖上》诗描写了在"北斗低尽余三星""丛冢鬼火何荧荧"情境中的感受。高启的《山中夜行》诗又写道："登陇日已沉，出谷月初上。夜行畏虎闻，无奈车声响。"与一般松风鬼火所引起的恐惧不同，这里所说到的，是更实际更严重的危患。

水上游（明崇祯刊本《画中人传奇》插图）

行李与行具

行旅之人随身携带的物品，各因经济条件以及行旅路途、行旅方式、行旅地域、行旅季节等诸因素的不同而有异。

今人一般称行旅所携物品为"行李"。"行李"，在先秦古籍中有时是指行旅之人。《左传·僖公三十年》有一段非常著名的故事。晋国和秦国围攻郑国，郑国国君派人潜出城外，对秦国国君说，如果秦国放弃对郑国的攻击，"舍郑以为东道主"，今后"行李之往来"，郑国将可以"共其乏困"，也就是为秦人东行提供行旅所需物资的补充。秦国于是退兵，并且派部队为郑人戍守。这就是"东道主"一语的由来。而且根据杜预的注解，我们知道"行李"在这里是指"使人"，也就是因国家公务而出行的人。"行李"称呼，又见于《左传·襄公八年》："亦不使一个行李告于寡君。"杜预注："一个，独使也。行李，行人也。"顾炎武《日知录》卷三二有"行李"条，对"行李"一语的历史源流进行了考证，其中说道，古时称"行人"为"行李"，又称作"行理"。而《左传·昭公十三年》确实有"行理之命,无月不至"的说法。大约唐宋以后,"行李"一语已经具有接近今人所理解的含义。例如元稹《叙诗寄乐天书》:"有诗八百余首,色类相从,共成十体,凡二十卷,自笑冗乱,亦不复置之于行李。"苏轼《与程德孺运使书》之一也写道:"约程四月末间到真州,当遣儿子迈往宜兴取行李。"

"行李"一语,又长期有"行旅"的意义。汉蔡琰《胡笳十八拍》有"追思往日兮行李难"的名句。杜甫《赠苏四徯》诗:"别离已五年,尚在行李中。"也可以引为例证。此外,"行李"又有转义以指行程。例如杜牧《闻范秀才自蜀游江湖》诗即写道:"归时慎行李,莫到石城西。"与此相应,"行程"有时又有行李的含义。如杂剧《临江驿潇湘秋夜雨》第二折:"我与你则今日收拾了行程,便索赴任走一遭去。"

"行李"语义复杂,而且与"行人""行旅""行程"或可以更代、或可以兼通的现象,说明它对于行旅生活的总体有着重要的意义。

《战国策·魏策一》:"臣急使燕、赵,急约车为行具。""行具",是指行旅的用具。古代"行具"与今世已经多有不同。考察某些"行具"的形式,也有益于我们认识当时行旅生活的面貌。

1. 行囊与行橐

古人在行旅生活中，常常用"囊"和"橐"来携带日用物品。

从居延出土汉代简牍所提供的汉代社会生活史的资料看，当时经历长途行旅来到西北边地的中原人，往往用这些东西盛装随身必备的生活用品。因其中盛装物以及物主和质料的不同，我们可以看到"泉（钱）橐""衣橐""私衣橐""布橐""私橐""官布橐""私布橐""革橐""衣

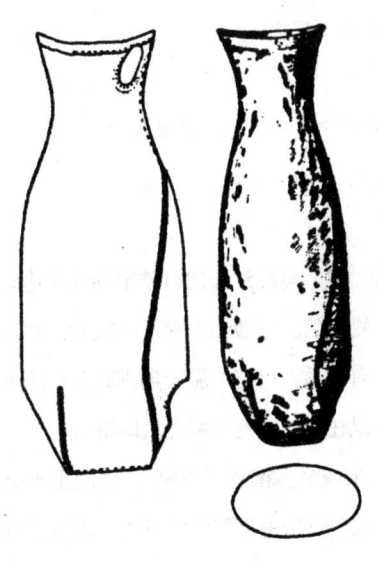

额济纳河流域汉代遗址出土的汉代盛水皮囊

装橐""币橐""裘袜橐"等命名。以"裘袜橐"为例，其中装有"羊皮裘一领""犬袜二两、枲履一两、革緹二两、枲□二两"。从简217.30的下述内容看，称为"布橐"的，也多盛装衣物：

   官章单衣一领 官布橐一 私韦单绔一两

□□□ 官布复绔一两 官枲履一两□ 私布橐一
           □□□□领 官□□□
                  □□□□

210.26简有以下记载：

  戍卒河东郡安邑尊德里张常□
  □衣橐封以私印

看来，这种"橐"是经过长途行旅来到西北边防的役人用来放置私人物品的。一般由军营统一收管，然后以私印加封，确定所有关系，可能待服役期满时再交还本人，也可能平时也可以在办理一定手续之后取用。

  一般远来戍卒多携有"布橐"。然而用皮革制作的所谓"革橐"也在行旅中得到广泛应用。破城子第22号房屋基址出土的法律文书《建武三年候粟君所责寇恩事》说到寇恩为候粟君载鱼前往觚得（今甘肃张掖北）贩卖，"积行道二十余日"，从居延至觚得，总距离超过汉制1200里，而寇恩车上诸物品中，就有"革囊"：

　　羊韦一枚为囊直三千

这种"囊"用经过熟制的羊皮制作，价值相当于3000钱。居延汉简中又可以看到这样的内容：

　　□囊一盛糒三斗米五斗骑马兰越隧南塞天田出案宪斗伤

　　　　　　　　　　　　　　　E. P. T68：22

　　革囊一盛糒三斗米五斗骑马兰越隧南塞天田出西南去以此知而

　　　　　　　　　　　　　　　E. P. T68：27

这一资料可以证实"糒"是供行旅生活中食用的干粮，同时可以说明这种"囊"就是所谓"行囊"。

居延汉简中作为邮传文书的简 E. P. T65：118中，又可以看到这样的内容：

羊韦五件　　中舍囊一传完封

●回直六百

交钱六百　　内●不侵候长晏传

这种"囊"估计也是皮革制作，用作邮递行包，可能与普遍使用的"行囊"形制相似。

特别值得注意的，是简文中有关"行幐"的内容。"行幐"似乎与"橐"相类，在簿记中与衣物一同登记。有"行幐一枚"（E. P. T52：92）、"行幐二枚"（E. P. T52：93）、"行幐帻二枚"（E. P. T52：94）的三例，都属于来自南阳郡穰邑（今河南邓州市）的服役人员。居延汉简中有把盛装谷物的"橐""囊"称为"卷"或者"帣"的实例。《说文解字·巾部》又写道："帣，囊也。今盐官三斛为一帣。"说到当时官营盐业机构"盐官"的统一载运规格是三斛盐装为一帣。有人认为"幐"可能就是"縢"。《说文解字·巾部》说："幐，囊也。"《后汉书·儒林列传上》说，董卓强制汉王朝迁都时，皇家秘藏档案图书受到严重破坏，用缣帛书写的图书，大的被连缀成车辆的帷盖，小的被裁制成行旅的"縢囊"。"縢"，也就是"幐"。"行幐"也就是"行囊"的说法，直到相当晚近依然通行。《林则徐日记·道光十九年七月初六》就写道："是日整理行幐，定于明日与制军同往香山，先赴各处辞行。"看来，如果我们推想汉简所见"行𫄨"与"行囊"有关，应当说是有一定依据的。

《诗经·大雅·公刘》说到行旅时携带"糇粮""于橐于囊"的情形。一般解释说，"橐"和"囊"都是盛装物品的袋子，"橐"的容量较小，而"囊"的容量稍大。也有人说，无底的叫"橐"，有底的叫"囊"。可是在年代较晚的资料中，又多有把行旅时装钱的袋子叫作"行囊"的。如宋人洪迈《夷坚志补》有"蔡州小道人"条，其中说："吾行囊元不乏钱。"这样看来，则似乎"囊"的形制反而稍小。白居易的《渭村退居》诗所谓"尘埃常满甑，钱帛少盈囊"，以及《秋暮西归途中书情》诗所谓"忆归复愁归，归无一囊钱"等，说的也是装钱的"囊"。而所谓"阮囊羞涩"一语，其实起初也源出于"行囊"装钱的古义。据说晋人阮孚行游会稽，随身持一皂囊，客问囊中何物，他答道，但有一钱看囊，恐其羞涩。（〔宋〕阴时夫：《韵府群玉》卷一〇《阳韵》）

行旅携带"行囊"，是非常普通的情形。《易林》说："千载旧室，将有困急，荷粮负囊，出门直北。"又如曹操《苦寒行》："担囊行取薪，斧冰持作糜。"贡师泰《送洪元成赴静江治中》诗："莫怜投老多辛苦，万里行囊有豹韬[1]。"都说到在行旅生活中"行囊"几乎是必备之物。"行囊"又称作"装囊"。《益部耆旧传》记载,杜成行于路,拾到行旅之客遗失的"装囊",打开检视,看到里边有锦二十五匹,于是原封不动,送缴官府,一时传为佳话。

《后汉书·张堪传》记载,张堪曾任蜀郡太守,而蜀地富足,据说"珍宝山积",有权势的人往往多所掠夺。然而张堪离职时,"乘折辕车,布被囊而已"。《三国志·魏书·常林传》裴松之注引《魏略·清介传·时苗》说,时苗赴任时,乘坐简陋的运车,"黄犉牛,布被囊"。在上任卸任的行程中所携"布被囊"都被看作生活朴素、为官清廉的标志,也可以说明"行囊"在行旅生活中的意义。

杂剧《秦修然竹坞听琴》第一折写到秦修然见到叔父梁州尹时的情形:"(梁尹云)孩儿,则被你想杀我也。你行囊在于何处?(秦修然云)在客店中哩。"《西游记》第五十三回《禅主吞餐怀鬼孕　黄婆运水解邪胎》也说:"出离村舍,唐三藏攀鞍上马,沙和尚挑着行囊。"由于一般行旅都用"行囊"装运随行用物,因而人们有时把行旅所携带的主要物品统称为"行囊"。《西游记》第二十三回《三藏不忘本　四圣试禅心》中,借八戒之口说到他所

1　《豹韬》,是传说姜太公所著先秦著名兵书《六韬》卷五的篇名。

担的"行囊"的形式:"八戒道:'哥哥,你看这担行李多重?'行者道:'兄弟,自从有了你与沙僧,我又不曾挑着,那知多重?'八戒道:'哥啊,你看看数儿么:

> 四片黄藤篾,长短八条绳。又要防阴雨,毡包三四层。匾担还愁滑,两头钉上钉。铜镶铁打九环杖,篾丝藤缠大斗篷。

似这般许多行李,难为老猪一个逐日家担着走,偏你跟师父做徒弟,拿我做长工!'"

这里所描述的,应当是吴承恩生活的时代"行囊"较为普遍的样式。

行旅使用"行橐"的情形,也相当普遍。

《新五代史·杂传·张筠》记载,魏王李继岌死于渭南之后,张篯"悉取其行橐"。《旧五代史·晋书·张筠传》记述这件事,则说"一行金宝妓乐,(张)篯悉获之"。似乎史家"行橐"一语,代表了行旅时所有的一切财物。《金史·忠义列传·爱申》记载,爱申召马肩龙前往共守德顺(今甘肃静宁)危城,马肩龙自知德顺不可守,然而因为爱申是难得的知己,不得不为之死,于是将"行橐"交付给自己的族父,表明"死别"的决心,冒险而去。

宋人叶梦得的《平泉草木记跋》有"病卧舟中，行囊萧然"的文句。金人元好问的《不寐》诗中也曾写道："日月虚行囊，风霜入敝裘。""行囊"是否充盈，是行旅能否顺利完成的重要的物质保障。

至于《战国策·秦策一》说苏秦游历四方，"负书担橐"，以及南朝宋人沈约《内典序》："负橐以从师"，唐人沈佺期《夏日都门送司马员外逸客孙员外佺北征》诗："画省连征橐，横门共别词。"李峤《饯薛大入护边》诗："犀皮拥青橐，象齿饰雕弓。"其中所说到的"橐"，当然也是"行囊"。

居延汉简中还可以看到戍边士卒远行途中使用"箧"和"笥"的情形。"箧""笥"或连称"箧笥"，原本是指一种用以盛装日常用品的竹编器具，后来又出现了用其他质料制作的形式。其大体形制和基本用途大略类同于现今的箱。《宋史·忠义列传十·马伸》说，宋高宗时，马伸因"有忠力于国"，被提升为殿中侍御史，受命巡行各地，据说"行箧一担，图书半之"。《宋史·欧阳守道传》也记载，欧阳守道罢官回乡，"徒步出钱塘门"，所携行李，"唯书两箧而已"。《老残游记》第三回《金线东来寻黑虎　布帆西去访苍鹰》写道：老残在客寓闲坐，有来客夸赞他所读书籍的品位，老残说道："不过先人遗留下来的几本破

《喻世明言》插图《赵伯升茶肆遇仁宗》（明代刊本）

书，卖又不值钱，随便带在行箧解解闷儿，当小说书看罢了，何足挂齿。"他寄居的屋内有"两个小小竹箱"，可能就是他所说的"行箧"。

"行笥"作为行旅装备也见于古人诗文。清人吴骞《春浮阁吟稿序》说："嘉庆癸亥春，复游荆南"，"予亟从臾之，并为携行笥而雕梓于西湖。"查慎行《元方以爨僮潘姓画松诗索和戏次原韵》诗："主人文雅仆不俗，行厨行笥随提携。"姚元之《竹叶亭杂记》卷八也写到他得珍爱之物，"裹以纸，置行笥中"的情形，"行笥"，也是行旅时所携带的箱笼。

于是有人又把这类行旅生活中习见的盛装日常生活用物的器具称作"行箱"。例如南朝宋人鲍照在《登翻车岘》诗中就写道："畏途疑旅人，忌辙覆行箱。"

2. 行滕与行缠

古人徒步行旅有使用绑腿布的习俗。

《诗经·小雅·采菽》说到"邪幅在下"的行旅装束。汉代学者郑玄解释说："邪幅，如今行滕也。"形式是用布紧紧裹束小腿，从膝部一直到足部，所以称作"在下"。汉代人刘熙《释名·释衣服》说，这种行旅装束的作用在于逼束腿脚，因而"可以跳腾轻便也"。这种装束自刘熙的时代起就已经又有"行滕"之称。《三国志·吴书·吕蒙传》说，吕蒙的部队军容严整，"为兵作绛衣行滕"。《资治通鉴·唐德宗贞元三年》记载，唐德宗行经骆谷道时，"值霖雨，道途险滑"，卫士大多叛逃，幸有李升、郭曙、令狐建等六人，"著行縢，钉鞋"，交替为唐德宗牵引乘马，才平安抵达梁州。胡三省解释说，所谓"行縢"，就是"行滕"。这种装束在民间沿用年代非常长久。顾炎武《日知录》卷二八说道，"今之村民"往往使用这种绑腿布而不着袜，为"古之遗制也"。

陆游《夜话赠华师》诗："犹能遍参在，为我买行滕。"清人王士禛《池北偶谈》卷十三《谈艺三》记刘公𢽹《寄友人绝句》："寄语江南老桑苎，秋山紫蕨忆行滕。"又如赵翼《忆生乞假南归》诗："自是名流怜臭味，相思何日办行滕。"都说明这种行旅装束在民间长期流行的事实。

由于这种装束在行旅生活中应用的普遍，以致被用来指代行旅活动本身。例如，清人程思泽的《索炬叹》诗就写道："官符夜下鸠丁男，明日行滕异贵官。"说官府夜间紧急征召壮丁，令次日出行为官员抬舁轿舆。这种劳役内容，也被称作"行滕"。

"行滕""行縢"，又叫作"行缠"。

《乐府诗集》卷四九《清商曲辞六》有无名氏《双

行缠曲》，其中写道："新罗绣行缠，足跌如春妍。他人不言好，独我知可怜。"这是以是否美观的尺度评议"行缠"，并不涉及其实用效能。隋人杜宝的《大业杂记》也说道，隋炀帝乘龙舟远行扬州，"其引船人普名殿脚一千八百人，并着杂锦彩装袄子、行缠、鞋袜等"。"行缠"用彩色杂锦装饰，用意也主要是从美观出发。又如唐人韩翃《寄哥舒仆射》诗："帐下亲兵皆少年，锦衣承日绣行缠。"《宣和遗事》亨集也写道："急点手下巡兵二百余人，人人勇健，个个威风，腿系着粗布行缠，身穿着鸦青衲袄，轻弓短箭。"看来，作为古代兵士军装形式的"行缠"是极其引人注目的。而由此我们也可以推知这种便于长途跋涉的装束在民间行旅中已经得到普遍应用。

《水浒传》第三回《史大郎夜走华阴县　鲁提辖拳打镇关西》讲述史进远行，离别少华山朱武山寨时的情景：

> 史进头戴白范阳毡大帽，上撒一撮红缨，帽儿下裹一顶浑青抓角软头巾，项上明黄缕带，身穿一领白纻丝两上领战袍，腰系一条揸五指梅红攒线搭膊，青白间道行缠绞脚，衬着踏山透土多耳麻鞋，跨一口铜钹磬口雁翎刀，背上包裹，提了朴刀，辞别朱武等

三人。众多小喽啰都送下山来。

《水浒传》第十二回《梁山泊林冲落草　汴京城杨志卖刀》描绘杨志远途行旅中的形象，也说到他"下面青白间道行缠，抓着裤子口，獐皮袜，带毛牛膀靴"。看来，"行缠绞脚"，已经是当时行旅之人的标准装束。

梁山泊英雄中有一位以行旅神速闻名的"神行太保"，就是原江州两院押牢节级戴院长戴宗。《水浒传》第三十八回《及时雨会神行太保　黑旋风斗浪里白条》这样介绍说："原来这戴院长有一等惊人的道术：但出路时，赍书飞报紧急军情事，把两个甲马拴在两只腿上，作起'神行法'来，一日能行五百里。把四个甲马拴在腿上，便一日能行八百里。因此，人都称做神行太保戴宗。""甲马"，是一种描绘有神佛画像的纸张。第三十九回《浔阳楼宋江吟反诗　梁山泊戴宗传假信》又写到戴宗借"甲马"神力飞速行走的情形："且说戴宗回到下处，换了腿绑护膝，八搭麻鞋"，"挑上两个信笼，出到城外，身边取出四个甲马，去两只腿上，每只各拴两个，口里念起神行法咒语来"，"放开脚步便行，端的是耳边风雨之声，脚不点地。"

把"甲马"拴在腿上，因神佛相助可以急行，当然是一种神奇的传说。不过，"神行太保"故事的形成，很可能与现实行旅生活中所谓"行滕""行缠"的普遍应用有一定的关系。

3. 其他随身行具

古代诗文中有把行旅装备器用称为"金装"的,这体现出一种向慕虚华的世风。例如傅玄《秋胡行》:"遂下黄金装",梁简文帝《登山马诗》:"间树识金装",以及李白《洗脚亭》诗所谓"行人歇金装"等,所谓"金装"或"黄金装",其实都是指行装。

《左传·昭公元年》中已经说到"具行器",也就是准备行旅中所用的行装器物。社会上层人物对于"行器"的要求,曾经有备极奢华的倾向。《晋书·何遵传》记载,官任大鸿胪的何遵"性亦奢忕,役使御府工匠作禁物,又驇行器",被参劾,于是免官。《世说新语·汰侈》说,石崇财产丰积,与贵戚王恺以奢靡相竞逐,斗富争豪,"(王恺)作紫丝布步障碧绫四十里,石崇作锦步障五十里以敌之。""步障",是一种道路上遮挡风尘、隔外蔽内的屏障。而这种以彩丝绫锦为材料,长达四五十里的"步障",无疑是极尽豪华的"行器"。南京博物院藏明人《胡笳十八拍》画卷,以汉代蔡琰万里颠沛流离的经历为题材,十八幅画面中,有十幅都描绘有行旅生活中应用"步障",以及所谓"行幕""行帐""行幄"等奢华"行器"的场面。这种礼俗制度在古代文献中也多有体现。如《东京梦华录》卷四"公主出降"条说:"公主出降,亦设仪仗、行幕、步障、水路。""水路"是指以数十人各执扫具,用镀金银水桶,前导洒道。与"行幕"类似的设施,有杜甫诗所谓"野膳随行帐"中的"行帐"。范镇《大报天赋》也写到"行幄默而下垂"的情景。所谓"行幕""行帐""行幄",大约都是行旅中可以随处移动、随时张设的帐篷。

在民间实际行旅生活中,人们自然不会普遍使用这类用物。一般人大多只能携带最必要的随身行具。对于这种随身行具的形制,人们往往只提出简易、方便而且实用的要求。

手杖,是最普及的随身行具。

在夸父追日的远古传说中,"与日逐走"的神行英雄夸父"弃其杖,化为邓林"(《山海经·海外北经》),说明"杖",很早就已经应用于行旅生活中。《庄子·让王》记述周部族先祖大王亶父率领民众长途转徙,终于得到较优越的发展条件的事迹:"因杖筴而去之,民相连而从之,遂成国于岐山之下。"其中说到"杖筴"的一句,唐代学者成玄英解释说:"因拄杖而去。"秦汉之际的陆贾在《新语》一书中论述明主必须任用圣贤的道理时说,"履危者

任杖不可以不固","任杖不固则颠"。而"圣贤",就是君主可以依恃的"杖"。崔瑗的《杖铭》也写道:

乘危履险,非杖不行,年老力竭,非杖不强。

可见,当时"任杖"以履危历远,是行旅生活中极其普遍的情形。据《后汉书·邓禹传》记载,南阳新野人邓禹听说刘秀平定河北,"即杖策北渡,追及于邺"。左思《招隐诗》:"杖策招隐士,荒途横古今。"陆机《猛虎行》:"整驾肃时命,杖策将远寻。"也都说到"杖策"远行。《邵氏闻见录》卷十一说,司马光不喜欢乘坐"肩舆",山中行旅也往往乘马,遇险路则"策杖以行"。明人夏完淳《秋怀》诗其二:"驾舟凌洪波,杖策穷崇山。"也说到在一般情况下,"杖策"是山地行旅的主要形式之一。

对于徒步行旅来说,鞋,具有至为重要的意义。

从居延汉简所见远地戍卒的衣物清单看,他们脚上穿用的,多是"革履""布履""枲履"。"枲履",也就是麻鞋。而许多资料可以反映,古人行旅生活中应用最为普及的是"芒鞋"。《梁书·儒林列传·范缜》记载,范缜家在南乡郡舞阴县(今河南泌阳),而远赴沛郡(今安徽濉溪)求学,就读积年,往返于两地之间,始终"芒屩布衣，徒行于路"。此外，又如苏轼《自兴国往筠宿石田驿南二十五里野人舍》诗："芒鞋竹杖自轻软，蒲荐松床亦香滑。"陆游《夜出偏门还三山》诗："水风吹葛衣，草露湿芒履。"以及明人王守仁《龙潭夜坐》诗："草露不辞芒屦湿，松风偏与葛衣轻。"都说到穿用"芒鞋"行旅的方便，不仅踩踏轻软，而且不畏湿滑。《水浒传》说到史进脚上的"踏山透土多耳麻鞋"，又强调这种鞋"透土"的优点。所谓"芒鞋"，原本专指用芒草茎的外皮编织的鞋，而实际上在古人诗文中，又往往泛指所有的草鞋、麻鞋。

明人胡应麟《少室山房笔丛·丹铅新录八》中有"履考"条，试图考证历代鞋的演变，其中写道："六朝前率草为履，古称芒屩，盖贱者之服，大抵皆然。"麻鞋和草鞋往往大多应用于被当权阶级蔑称为"贱者"的下层社会的行旅生活中，可能确实是历史事实。梁山泊英雄史进、戴宗都足蹬麻鞋，而杨志却穿用"带毛牛膀靴"，似乎正反映了原有身份的差别。清人鲁一同所作《檄凤颍淮徐滁泗宿海八府属文》写道："马步并进，更番休息，贼之芒屦赤足，不能敌也。"也指出了作为行具的"芒履"，已经成为一定社会阶层的一种身份标志。

《国语·吴语》说到雨季行军"簦笠相望"的情景。

《史记·平原君虞卿列传》说，游说之士虞卿"蹑蹻檐簦"前往会见赵孝成王。"簦"，据说是一种有柄的笠，类似于后世通用的伞。"笠"，作为古代一般行旅者通常随身携带的一种竹编雨具，又称作"行笠"。

"行笠"是一种笠帽，一般用以防雨，也可以遮蔽烈日。宋人梅尧臣《送白秀才福州省亲》诗写道："悠悠几千里，赤日薄行笠。"《吴兴杂记》记载："吴商学通五经四方，担囊负笠，不可胜数。"也说远方行旅，大多"负笠"。杨万里《竹枝歌》写道：

> 幸自通宵暖更晴，何劳细雨送残更。
> 知侬笠漏芒鞋破，须遣拖泥带水行。

当行笠破漏，芒鞋坏弊时，行旅者如果遇到霖雨天气，则难免会"拖泥带水"，极其狼狈。

《西游记》第四十三回《黑河妖孽擒僧去　西洋龙子捉鼍回》中唐三藏自述万里行旅的艰辛："一自当年别圣君，奔波昼夜甚殷勤。芒鞋踏破山头雾，竹笠冲开岭上云。"也说明"竹笠"往往是行旅者必备的行具。

夜行燃举火炬，也是行旅生活中习见的情形。

《淮南子·说山训》说："亡者不敢夜揭炬。"逃亡的人夜间行走不敢燃举火炬,是因为担心被追捕的人发现。可见在一般情况下,夜行通常是用火炬照明的。南朝梁人何逊《下直出溪边望答虞丹徒教》诗写道:"伫立日将暮,相思忽无绪。溪北映初星,桥南望行炬。"隔河相望,"行炬"如星,正是接近都市的地方夜行者相对密度较大的情景。白居易诗"中宵把火行人发"以及"栖禽见火惊"等,也反映了夜行"揭炬"的行旅方式。而陆游诗所谓"纱笼吹蜡香",则反映夜间行旅所使用的照明器具的形式,又表现出历史的进步。

在古代行旅生活中,必要的武器也往往可以列入基本行具之中。

在姚合的《送韩湘赴江西从事》诗中,与"祖席尽诗人"相对仗的,是"行装有兵器"的诗句。从居延汉简的有关内容看,由东方行车万里来到河西的服役人员,有些车上确实装备有武器。行旅者携带武器,当然是为了防备行旅途中某些可能造成危害的因素的袭扰,以保障行旅的安全和顺利。

行旅的安危

在古代行旅中，旅客除了启程之前多举行祭祀行神道神的仪礼而外，在行途中也往往虔诚、殷勤地礼祭有关神灵，以求护佑行旅的安全。

元代诗人王逢所作《江边竹枝词》中，可以看到乘舟船行旅时沿江祀神、祈祝平安的风习：

> 石筏横津蛟莫窥，近山张弩或眠旗。
> 侬作神衫与神女，祈水祈风郎不知。

又如：

> 巫子惊湍天下闻，商人望拜小龙君。
> 茹蔥草染榴红纸，好剪凌波十幅裙。

"张弩""眠旗""作衫""剪裙"，都是十分特别的驱恶礼神的方式。明人唐之淳的《竹枝词·黄河所见》也记述了黄河航运祭龙王祈好风的民间礼俗：

> 金龙王庙在河干，刲羊烧酒上杯盘。
> 乞得好风行半月，归来庙下赛衣冠。

杨慎的《竹枝词九首》描绘江航景况，也写道："青江白石女郎神，门外往来祈赛频。"《竹枝词》起源于民歌，后来成为文人习用的诗体，但仍然以风格朴实、文字平易为特征，作者运用这一体裁时较少避忌与虚饰，因此可以比较真切地反映各个社会层面的生活现实。

《竹枝词》反映的水行祀神民俗，出发点在于祈求避除危难，保佑安全。在以陆路交通为条件的行旅生活中，也有类似的情形。

1. 行旅交通事故

由于交通工具方面的原因，例如车辆破损等，导致行旅中断的情形，在古代行旅中颇为多见。

车辆制作工艺比较复杂，许多主要器件也极其容易破废，据说在制车业已经相当发达的汉代，车辆如果连续运行，其使用时间一般也不超过两年。这就是《盐铁论·国疾》中所说的"车器难就而易败"。而当时用于长途行旅的车辆，连续行驶大多都超过两年。居延汉简中可以看到大量有关车辆"折伤"的记录。据简582.16的内容，"其六十五两折伤，卅二两完"，九十七辆运车中，六十五辆折坏，三十二辆完好，其中"折伤"即破损所占比率竟然超过67%。如果正在行进途中而出现"轴折车废"（《汉书·景十三王传·临江闵王刘荣》）的情形，会对行旅造成怎样的影响，自然可以想见。

汉代石刻画像中可以看到当车辆在桥上行驶时，车轮脱落坠入水中的画面。

汉代石刻文字《武都太守李翕西狭颂》中，有关于车辆"颠覆霣（陨）隧（坠）"的文字。此外，《李翕析里桥郙阁颂》所谓"常车迎布，岁数千两（辆），遭遇隤纳，人物俱陷（堕），沉没洪渊，酷烈为祸"（《隶释》卷四），则是因道路条件不完备以致行车频繁出事的记载。

刘向《九叹·离世》也说到乘车高速行驶时发生意外交通事故的情形：

> 舆中涂以回畔兮，驷马惊而横奔。
> 执组者不能制兮，必折轭而摧辕。
> 断镳衔以驰骛兮，暮去次而敢止。
> 路荡荡其无人兮，遂不御乎千里。

马车行进途中突然调转方向，驷马于是惊而狂奔。熟练的御者也无力控制，必然折断车轭摧坏车辕。镳衔断坏，烈马奔驰，道路平荡，无人勒止，一直到暮夜方可以停息。

汉更始帝自洛阳西行，刚刚出发，"马惊奔，触北宫铁柱门，三马皆死。"（《后汉书·刘玄传》）也是一次意外的行车事故。类似的情形，又如《魏书·高允传》所说到的"马忽惊奔，车覆"。

焦赣在《易林·坎之晋》中曾经谈到"道途多石，伤车折轴"的交通事故。《后汉书·独行列传·刘翊》也记述"远赴师丧，遇寒冰车毁，顿滞道路"的情形。这些都是因道路条件恶劣致使车辆毁坏的实例。

水路行旅同样经常发生因事故而阻断其行旅致使行旅者丧生的情形。由于行旅条件更为复杂，多有人力难以控制与影响的因素，于是与陆行乘车相比较，曾经有所谓"乘船危"（《汉书·薛广德传》）的说法。据说周昭王就是在南征途中乘船涉渡汉江时，因舟船破坏而意外溺死的。周人和当时为昭王提供渡船的楚人，从此遗留下历史的积怨。即使稳性较好的船舶，遭遇暴风急浪，也往往难免成为所谓"沉流之航"（《法言·寡见》）。东汉末年，曹操军与孙权军争夺长江水面的控制权，孙权派偏将军董袭

"督五楼船往濡须口",夜间突然遇到强烈风暴,五楼船倾覆,董袭坚持不肯离船避难,终于船败身死。(《三国志·吴书·董袭传》)而黄河航道也曾经发生杜畿为曹丕"作御楼船,于陶河试船,遇风没"(《三国志·魏书·杜畿传》)一类的事故。《通典·兵十三·水战具》说,楼船船体较大,攻击器具完备,但是如果"忽遇暴风",则人力无法控制。至于一般普遍应用于行旅的比较轻小的船只,抗御风浪的能力当然更为有限。《艺文类聚》卷七一引南朝梁人江禄的《津渚败船》诗,其中写道:

可爱木兰资,可怜丹桂质。
逐浪徒言是,乘风还自失。
草蔓艄长埋,沙巨舷难出。
陆沉成许去,无复乘流日。

战船乘风逐浪,然而不幸沉没,深埋于水下荒沙乱草之中,再也不能"乘流"远航了。宋人陈造《呈赵帅》诗又写到行船发生技术性事故的情形:"暗桩触船船板折,船丁吁天船媪哭。"至于海上行旅,则又必须迎接更严峻的考验,泛海远行,往往"风波艰阻,沉溺相系"(《后汉书·郑弘传》)。行人旅客远航时,经常"于海中遭风,多所没失"

(《三国志·吴书·虞翻传》裴松之注引《江表传》)。作"海上游"时,所谓"海舶破散身沉浮"(王安石:《寄育王山长老常坦》)是行旅生活中常见的事故。

《喻世明言》卷一九《杨谦之客舫遇侠僧》写到乘舟航行突遇暴风的险恶境遇:"水手一齐把船撑动,刚刚才要撑入浦子口,只见那风从西北角上吹将来。初时扬尘,次后拔木,一江绿水,都乌黑了。那浪掀天括地,鬼哭神号,惊怕杀人。这阵大风不知坏了多少船只,直颠狂到日落时方息。"《醒世恒言》卷一〇《刘小官雌雄兄弟》也描述了一起水上行旅横遭风浪袭击,以致船毁人亡的事故:"时值深秋,大风大雨,下了半月有余,那运河内的水,暴涨有十来丈高下,犹如百沸汤一般,又紧又急。往来的船只,坏了无数。一日午后,刘方在店中收拾,只听得人声鼎沸。他只道有什么火发,忙来观看,见岸上人推挤不开,都望着河中。急走上前看时,却是上流头一只大客船,被风打坏,淌将下来,船上之人,飘溺已去大半。余下的抱柁攀舵,呼号哀泣,只叫'救人!'"呼救之时,仍"一个个落水"。

从危船上被救起的"刘小官"后来要回故土时,不忘"水路风波险恶",执意坚持"还从陆上行罢",说明行旅交通事故对于行旅之人心理造成的深刻印痕。不过,有时又因为行旅需要又使得人们不能顾及种种危难的严重威胁，往往仍然轻身犯难，冒险远行，于是"沉舟侧畔千帆过"（刘禹锡：《酬乐天扬州初逢席上见赠》），一代代行旅者勇于历险的精神，使交通的发展不断达到新的水平。

2. 贫病转零落，故乡不可思

《三国志·蜀书·许靖传》记载，许靖等人曾经"浮涉沧海，南至交州"，一路极尽艰辛，"经历东瓯、闽、越之国，行经万里，不见汉地，漂薄风波，绝粮茹草，饥殍荐臻，死者大半"。行旅者"大半"死于途中，似乎并不是由于风暴摧毁乘船，而是因长期"漂薄风波，绝粮茹草"，以致成为"饿殍"的。

由于基本物质生活条件不能得到保障，以至"穷寒路次"（〔北齐〕颜之推：《还冤记》），"贫旅无资"（〔南朝梁〕慧皎：《高僧传·义解三·慧远》），往往中断以至终止行程。而所谓"忧郁生疾，疾困乃死"（《管子·内业》），也经常成为行旅者遗恨客冢的原因。

《荀子·君道》说："人主不能不有游观安燕之时，则不能不有疾病物故之变焉。"君主难免巡行游玩的享乐生活，也难免疾病死亡的意外灾祸。《汉书·苏武传》记载，苏武远使匈奴，流落大漠北海长达十九年，随从者大多"物故",和他一起归还中原的只有九人。所谓"物故",也就是死去。

居延汉简中也有关于远行戍卒"行道物故"的记录。

《宋史·朱台符传》所谓"卒于舟次",则是在乘船行旅的过程中逝世。

所谓"客死"(《史记·屈原贾生列传》)、"客葬"(韩愈:《祭石君文》)、"客窆"(《新唐书·褚遂良传》)等,也都以同样的事实体现出古代行旅生活沉郁阴暗的一面。

客死他乡者的墓牌,曾经称作"远乡牌",以示与正常死亡有所不同。例如,杂剧《萨真人夜断碧桃花》第四折:"若不是萨真人显出神通大,则我这墓顶上签钉远乡牌。"杂剧《梁山泊李逵负荆》第四折:"行一步如上吓魂台,我死后墓顶头谁定远乡牌?"杂剧《薛仁贵荣归故里》第二折:"哎哟!儿也,你可只落的定一面远乡牌。"又如杂剧《半夜雷轰荐福碑》第三折:"但占着龙虎榜,谁思量这远乡牌。""哀也波哉,西风动客怀,空着我流落在天涯外。"客魂被迫漂泊异乡,被看作行旅者莫大的悲哀。

"疾病物故",是行旅者在途中不幸死亡的主要原因之一。

《后汉书·独行列传·王忳》说,王忳由广汉前往京师,在途中客舍见到一位身患重病的书生,出于怜悯之心予以照料看护。书生对他说,我应当往赴洛阳,然而病重,命在须臾,腰下有黄金十斤,情愿相赠,请求死后予以安葬。王忳用一斤黄金为他营办了后事,剩余的部分全数埋藏在棺木之下。死者的父亲后来前往迎丧,"余金俱存"。

情节与此相类似的,又有关于"君子济"的故事。据《水经注·河水三》记载:

> 皇魏桓帝十一年,西幸榆中,东行代地,洛阳大贾,赍金货随帝后行,夜迷失道,往投津长曰:"子封送之。"渡河,贾人卒死,津长埋之。其子寻求父丧,发冢举尸,资囊一无所损。其子悉以金与之,津长不受。事闻于帝,帝曰:"君子也。"即名其津为"君子济"。

贾人猝死的原因,郦道元记述时没有说明,我们推测,很可能是由于突发的暴病。

杜甫诗所谓"楚隔乾坤远,难招病客魂"(《寄高适》),所谓"贫病转零落,故乡不可思"(《赤谷》)等,都体现出行旅生活中的这种忧患,使行人旅客的心理笼罩上了难以消除的阴影。

旅途中偶染微恙,也往往使得步履维艰的行旅生活难以继续。

《醒世恒言》卷二五《独孤生归途闹梦》写道,独孤遐叔辞行归返故乡洛阳,西川节度使韦皋为他殷勤治装送行,并特意"传令拨一船只","又点长行军士一名护送"。然而过了三峡,来到荆州之后,"不想送来那军士,忽然生起病来,遐叔反要去服事他。又行了几日,来到汉口地方。自此从汝宁至洛阳,都是旱路。那军士病体虽愈,难禁鞍马驰骤"。于是,"遐叔写下一封书信,留了些盘费,即令随船回去,独自个收拾行李登岸"。行人染病初愈,仍不耐旅途劳顿,"难禁鞍马驰骤",是十分自然的情形。此外,如唐人张籍《感春》诗所谓"远客悠悠任病身",白居易《彭蠡湖晚归》诗所谓"何必为迁客,无劳是病身"等,也都体现出对以"病身"行旅的忧虑。

不过,也有因行程顺利而使得行旅之人病状显著好转的情形。例如唐代诗人陆龟蒙《江南秋怀寄华阳山人》诗所写到的:"归心一夜极,病体九秋轻。"

3. 虎患及其他山林行旅灾难

虎患常常直接造成对于行旅活动的严重危害。

《老子》书中说:"盖闻善摄生者,陆行不遇兕虎。"《韩非子·解老》解释这段话,说"圣人之游世",没有害人之心,则必然无人害,无人害,则"不备人",所以说"陆行不遇兕虎"。显然,在当时,"兕虎"是世人出游时不得不防范的祸害。反映虎患久已成为陆路行旅的主要危难之一的,还有《抱朴子·登涉》中的这样一段话。葛洪写道,不知道入山之法的人,将"多遇祸害",所以有这样的民谚:"太华之下,白骨狼藉。"他又说,"入山而无术,必有患害",而各种行旅"患害"之一,就是"遭虎狼毒虫犯人"。

《华阳国志·巴志》记载,秦昭襄王时,有白虎为害,危及秦、蜀、巴、汉之间的行旅往来。《淮南子·地形训》说,东方"多虎",说明关中与关东地区之间行旅的通路,虎患相当严重。《后汉书·儒林列传·刘昆》也记载,"崤、黾驿道(今河南三门峡、渑池间的道路)多虎灾,行旅不通"。《汉书·地理志上》说,蓝田"有虎候山祠"。推想自蓝田往东南方向,经武关直抵南阳的古武关道,也曾经有虎患形成对行旅的危害。《华阳国志·巴志》记载,汉桓帝时,任命原任并州刺史的泰山郡人但望为巴郡(今重庆)太守,他的属员抱怨说:行程之遥远,役时之漫长,使行旅给役之人往往难免"怀怨旷之思","加以水陆艰难,山有猛兽,思迫期会,陨身江河,投死虎口。咨嗟之叹,历世所苦。"虎患危害行旅安全,致使行人面临"投死虎口"的威胁。汉代石刻《司隶校尉杨君石门颂》中举列行旅险阻,包括所谓"恶虫蔽狩,蛇蛭毒蚚"(《隶释》卷四),也说明虎患曾经长期使川陕古道的行旅安全难以得到保障。

"恶虫"又称"大虫",民间一般指肆虐于行旅之道的猛虎。

《水浒传》第二十三回《横海郡柴进留宾　景阳冈武松打虎》,说到虎患严重威胁民间行旅的情形:"如今前面景阳冈上有只吊睛白额大虫,晚了出来伤人,伤了三二十条大汉性命。官司如今杖限猎户擒捉发落,冈子路口都有榜文:可教往来客人结伙成队,于巳、午、未三个时辰过冈;其余寅、卯、申、酉、戌、亥六个时辰不许过冈。更兼单身商人,务要等伴结伙而过。"武松借酒力冒险夜行过冈,竟然成就了打虎业绩。又如同书第四十三回《假李逵剪径劫单身　黑旋风沂岭杀四虎》记述李逵"去沂州沂水县搬取母亲",不想却在夜过沂岭寻溪取水时,母亲不幸死于虎口。"那李逵一时间杀了子母四虎",据打虎猎户说,"这条沂岭,自从有了这窝虎在上面,整三五个月没人敢行"。

曹操《苦寒行》:"熊罴对我蹲,虎豹夹路啼。"陆机《赴洛道中作》诗:"虎啸深谷底,鸡鸣高树颠。"都形容行旅途中的见闻。杜甫诗"风号闻虎豹"(《水宿遣兴奉呈群公》)也可以把读者带到相类似的境界。此外,他的"人烟生处僻,虎迹过新蹄"(《复愁十二首》其一),"夜来归来冲虎过"(《夜归》)等诗句,也都说明虎患对当时人的行旅形成了实实在在的威胁。而《宿青溪驿奉怀张员外十五兄之绪》诗又写道:"石根青枫林,猿鸟聚俦侣。月明游子静,畏虎不得语。"也十分具体地描绘了夜行"游子"对于虎患的恐惧。李商隐又有《商於新开路》诗,记述由长安经武关往南阳道路的行旅经历,其中写道:

六百商於路,崎岖古共闻。
蜂房春欲暮,虎阱日初曛。

路边多见"虎阱",足见虎患之严重。宋人梅尧臣《初冬夜坐忆桐城山行》诗所谓"马行闻虎气,竖耳鼻息歙",又说虎出没之频繁,使山行的马匹已经熟悉了它的气息。

《老残游记》第八回《桃花山月下遇虎 柏树峪雪中访贤》中,也写到山中行旅遇虎的情形:

走了不过三四十步,听得远远"呜呜"的两声。车夫道:"虎叫!虎叫!"一头走着,一头留神听着。又走了数十步,车夫将车子歇下,说:"老爷,你别

> 骑驴了,下来罢。听那虎叫,从西边来,越叫越近了,恐怕是要到这路上来,我们避一避罢。倘到了跟前,就避不及了。"说着,子平下了驴。车夫说:"咱们舍吊这个驴子喂他罢。"路旁有个小松,他把驴子缰绳拴在小松树上,车子就放在驴子旁边,人却倒回走了数十步,把子平藏在一处石壁缝里。车夫有躲在大石脚下,用些雪把身子遮了的,有两个车夫,盘在山坡高树枝上的。

直到那虎挟风飞啸而过,"车夫等人次第出来,方才从石壁缝里把子平拉出,已经吓得呆了"。从"车夫"们临险不惊、从容不迫的言行和舍驴避虎的应急方式看,他们可能已经多次经历类似的险情而具有了相应的经验。

据《抱朴子·登涉》说,山林行旅灾异除了"令人遭虎狼毒虫犯人"之外,又有"或被疾病及伤刺,及惊怖不安;或见光影,或闻异声;或令大木不风而自摧折,岩石无故而自堕落,打击煞人;或令人迷惑狂走,堕落坑谷"等情形,其中有的是出于心理恐惧等主观方面的因素,而木折、石落、伤刺、堕谷等,则确实是威胁行旅安全的常见的险情。

4. 旅途盗动危患

由于旅客大多随身携带旅资,而且往往从行旅便捷出发,行装每每以细软为主,因而历来经常受到盗匪侵扰,成为盗取劫夺的主要对象。因此,盗劫也成为影响行旅的主要因素之一。

《淮南子·人间训》说,"秦牛缺径于山中而遇盗,夺之车马,解其橐笥,拖其衣被"。《后汉书·独行列传·彭修》记载,彭修十五岁时,他的父亲任郡级行政机关的吏员,得到休假机会,父子一同回乡,然而"道为盗所劫",陷于极"困迫"的境地。

《后汉书·独行列传·王忳》讲述了这样一个故事,王忳被任命为郿县(今陕西眉县东)县令,前往上任途中,停宿于鲦亭(今陕西武功)。亭长警告说,亭中有鬼,曾经多次杀害过客,不可以居宿。王忳却以为仁德可以胜除凶邪与不祥,于是毅然入亭止宿。夜间听到有女子称冤,自诉说,其丈夫为涪县(今四川绵阳)县令,赴任过宿此亭,全家十余口被亭长杀害,"埋在楼下,悉取财货"。又问案犯姓名,知道是现在担任门下游徼官职者。又问为什么数次杀害无辜过客,回答说,我不能白日自诉,每夜陈冤,然而客往往自眠而不予回应,不胜感恚,于是杀之。王忳说,我一定为你办理此案,但你今后再也不能伤害良

《喻世明言》插图《杨八老漳州被虏》（明代刊本）

善了。第二天，召游徼审讯，罪犯对罪行供认不讳，于是逮捕收监，其余同谋十余人也都受到处置。随后又派人扶送诉冤者一家遗骨回乡安葬，自此此亭平安无事。

这一故事虽然记于正史中，却颇有志怪小说意味。女鬼夜诉，当然只是编造出来用以迫使凶手伏罪的空言。王忳一定通过其他方式已经发现了破案的线索。至于其他过客之死，则可能是尚不能侦破的其他凶案，也有可能是同样发现了某些线索，以致被出于灭口的目的杀害。

《后汉书·独行列传·张武》又说，吴郡（今江苏苏州）门下掾张业，"送太守妻子还乡里，至河内亭，盗夜劫之，（张）业与贼战死"。这一记述也提供了路宿亭舍遭遇盗劫的实例。

至于民间野店劫杀行旅之客以谋取财物的情形，则更为普遍。《水浒传》等古典文学名著中对此生动的描写，显然是以一定的社会现实为依据的。

行旅途中遭到抢劫的较早的历史记载，可见《左传·襄公二十一年》所谓"栾盈过于周，周西鄙掠之"。"掠"，杜预解释说："劫掠财物。"这种现象历代都普遍存在。于是民间有"买路钱"这样的语汇通行。如《京本通俗小说》中《错斩崔宁》写道："我乃静山大王在此！行人住脚，须把买路钱与我！"杂剧《吕洞宾桃柳升仙梦》

第三折："（云）夫人，来到这山崦中，兀的胡哨响，有强人来了，可怎了也！（邦云）留下买路钱！"又如杂剧《都孔目风雨还牢末》第四折："（李逵冲上，云）留下买路钱者！"《水浒传》第三十四回《镇三山大闹青州道　霹雳火夜走瓦砾场》中也写道："三个好汉大喝道：'来往的到此当住脚，留下三千两买路黄金，任从过去。'"拦路盗劫行旅，又称作"剪径"。《五代史平话·梁史》卷上："僻静田地里，前临剪径道，背靠杀人堽。"杂剧《诸宫调风月紫云庭》第三折也可以看到："这条冲州撞府的红尘路，是俺娘剪径截商的白草坡。""剪径"的原义，大约就是截道劫路，切断行旅之途。

行旅盗劫严重阻碍交通与交往的正常发展。有时甚至"道路张弓拔刃，然后敢行"（《汉书·酷吏传·严延年》）。途中遭受劫掠，成为许多人行旅生活的经历。如清人黄遵宪《潮州行》诗写道："但饱群贼囊，免更遭劫虏。"又如袁枚《赠编修蒋公适园传》也记述了这样的经历："遇盗许昌，两骑截路中，五人行劫。"

水路行旅由于舟船与外界相对隔绝以及舟航技术性较强以及行旅者不能主宰航向航程等原因，安全更难以得到保障。于是出现"尔来盗贼往往有，劫杀贾客沉其艘"（王安石：《收盐》）的情形。

《元典章新集·刑部·防盗》说到当时以水上盗劫行旅为营生手段者,已经形成"结党成群"的力量:

> （江淮地区）濒江靠海,水面阔达,内有船户十万余户,其间逃役结党成群,以揽载为由,中途将客杀死,劫夺财物。

《初刻拍案惊奇》卷二七《顾阿秀喜舍檀那物　崔俊臣巧会芙蓉屏》及《醒世恒言》卷三六《蔡瑞虹忍辱报仇》、《西游记》第九回《陈光蕊赴任逢灾　江流僧复仇报本》等,都以"舟人盗劫财物"、杀害搭乘其船的客人的凶案展开故事。而《初刻拍案惊奇》卷十九《李公佐巧解梦中言　谢小娥智擒船上盗》所记述的水上盗劫行旅的案情,则是专门的盗船劫夺江湖商舶。故事说,谢家富商,"家有巨产",以舟载货,"往来吴楚之间","忽然一日,舟行至鄱阳湖口,遇着几只江洋大盗的船,各执器械,团团围住",随后"跳过船来","众人一起动手,排头杀去","众盗席卷舟中财宝金帛一空,将死尸尽抛在湖中,弃船而去"。

清人袁枚《香山同知彭君小传》写道:"扬帆竟行,行百余里,遇盗船二只。"清人黄培芳《赎人行》诗也有

"海上盗船动盈百,东南西北候过客"的诗句。盗船的横行,使正常的行旅生活受到严重的影响。

盗劫行旅成为普遍的现象,是以整个社会的纷乱扰攘、动荡不安为背景的。据说,一般每逢乱世,往往"莠民乘机劫夺,行旅相戒裹足"(梁章钜:《归田琐记》卷二《致刘次白抚部鸿翱书》)。显然,对行旅生活产生扼杀性效应的,其实并不是个别的盗匪,而是混乱无序的社会局势和愚鲁落后的文化基础。

行旅生活百味

各个社会阶层,由于经济地位、生活趣向、心理传统和文化水平存在着区别,他们行旅的动机和方式也都不同,因而,他们对于行旅生活的实际体验当然也表现出差异。

应当说,中国古代学人、吏人和商人的行旅活动,在他们的全部生活中都占据着重要的地位。了解他们各自对于行旅生活的不同体味,有益于认识社会生活这一重要方面的真实风貌。

1. 游学行迹:读万卷书,行万里路

古代学人大多经历过远道寻师求学的艰辛。在当时比较落后的交通条件下,他们往往自己背负着行李、书籍和文具,不远千里,跋山涉水,求师问学。史书中常常用所谓"千里负笈"来形容这样的行旅活动。

"笈",是一种主要用以盛装书籍的竹编器具。《太平御览》卷七一一引《风俗记》说:"笈,学士所以负书,

箱如冠籍箱也。"同卷所引谢承《后汉书》又具体说到了几位著名"学士""负笈"就学的事迹:

> 袁闳,字夏甫,汝南人也,博览群书,常负笈寻师,变易姓名。
> 苏章,字士成,北海人,负笈追师,不远万里。
> 方储,字圣明,负笈到三辅,无术不览。

据《后汉书·儒林列传上》记载,汉光武帝刘秀兴办太学,汉明帝当政时,曾经亲自临众讲学,听讲者很多,甚至匈奴贵族子弟也前来洛阳在太学就读儒学经典。太学形势一时"济济乎,洋洋乎",后来"游学增盛",太学生竟多达三万余人。这些人来自全国各地,都是为了求学而经历艰辛的行旅生活的。当时私家教学也形成风气。许多办私学的学者也吸引了万千来自远道的学人。任安在家中教授学生,"诸生自远而至"。张兴讲学,弟子自远而至者,仅著录在册的就将近万人。魏应教授徒众,"弟子自远方至,著录数千人"。而出身广汉郡梓潼县(今四川梓潼)的学者景鸾,据说"少随师学经,涉七州之地"。当时,研读经学的学人,往往不远万里前往权威学者那里求教。政府修造的讲读之舍,吸引背负口粮远道就读者动辄以千百计。著名的学术大师开门讲学，正式注册的学生常常超过一万人。

《后汉书·李固传》说，李固虽然身为最高级的官僚"三公"的子弟，然而自幼好学，"常步行寻师，不远千里"。后来潜心钻研儒学典籍，终于学有成就，于是"四方有志之士，多慕其风而来学"。李贤注引《谢承书》曾经说到李固当初为了求学而不畏行旅艰辛的具体情形：

> （李）固改易姓名，杖策驱驴，负笈追师三辅，学《五经》，积十余年。

《后汉书·杜乔传》李贤注引《续汉书》也说道，杜乔虽然是高官显宦的子弟，仍然经常步行担负书籍，远道寻师求教。《晋书·儒林列传·董景道》又说道，董景道"少而好学，千里追师"。《魏书·高允传》也说，高允幼年孤弱，然而有志于学，"性好文学，担笈负书，千里就业"。于是"博通经史、天文、术数"，后来终于成为领导当时学术潮流的"一代伟器"。

《抱朴子·祛惑》写道："书者，圣人之所作而非圣也，而儒者万里负笈以寻其师。"这种经过艰难行旅"追师""游学"的情形，似乎已经被看作学业有成的必由之路。所谓"负笈尘中游，抱书雪前宿"（白居易：《相和歌辞·短歌行二》），也成为学人勤奋刻苦的行为典范。

行旅生活和学术成就的关系，久已受到有识见的学者们的充分重视。他们通过"读万卷书，行万里路"的人生实践，对于我们民族文化的繁荣和进步，做出了特殊贡献。

汉代文史大家司马迁也是一位大游历家。他的被称作"史家之绝唱，无韵之《离骚》"（鲁迅语）的史学名著《史记》，就是在千里行旅同时进行实地考察的基础上写作的。据《史记》中司马迁自述，他的游踪之远，在今天看来，也是令人惊异的。我们看到，他行旅所至，遍及现今的十六个省区，当时汉文化所覆盖的各个地区，几乎都留下了他的足迹。《史记·太史公自序》说道：司马迁生于龙门（今陕西韩城北），曾经耕牧于河山之阳，二十岁时，即"南游江淮"，登会稽山，考察禹的遗迹，又在九嶷山勘查舜的葬地，浮沅江、湘江而下。继而又北涉汶水、泗水，在齐、鲁之都进行学术活动，体验孔子儒学遗风，在邹、峄（今山东邹城市）实践传统礼仪。后来曾经于鄩（今山东滕州市）、薛（今山东微山东北）、彭城（今江苏徐州）等地遭遇过行旅挫折，接着又游历梁、楚（今豫东苏北）地区，然后回归长安（今陕西西安）。此后，又曾经"奉

司馬遷
博極群書
綜統千古
豪氣孤騫
洞視無伍
發爲文章
淩高騫空
一代奇才
史學之宗

司马迁像(孙承恩《集古像赞》)

使西征巴、蜀以南,南略邛、笮、昆明",到达今四川西昌、云南大理等地区。

《史记》其他部分仍多有涉及司马迁行旅活动的内容,例如《五帝本纪》记载,他曾经"西至空桐,北过涿鹿,东渐于海,南浮江、淮",实地调查黄帝、尧、舜的史迹。

《封禅书》又说，他曾经跟随汉武帝"巡祭天地诸神名山川而封禅"。《河渠书》也写道，他曾经南登庐山，考察大禹疏通九江的遗迹，又至于会稽太湟，上姑苏山，临望五湖（今太湖）。在东方考察洛汭（今河洛地区）、大邳山（在今河南浚县）等地的水利形势，又行于淮水、泗水、济水和漯洛渠。西行蜀地之岷山及李冰经营的都江堰工程。又自龙门沿黄河北行，至于朔方（今内蒙古乌拉特前旗南）。

此外，我们又可以看到，司马迁曾经亲临考察过齐（《齐太公世家》）、鲁（《孔子世家》）、江南（《龟策列传》）、淮阴（《淮阴侯列传》）、丰沛（《樊郦滕灌列传》）、薛（《孟尝君列传》）以及大梁故城（《魏世家》《魏公子列传》），又曾经登箕山，瞻仰传说中的许由冢（《伯夷列传》），到楚地，踏勘所谓春申君故城（《春申君列传》），往长沙，临视屈原自沉之处（《屈原贾生列传》），又抵达北边，考察了蒙恬为秦王朝修筑的长城亭障（《蒙恬列传》）。

可以看到，司马迁行旅生活的主要内容，是对历史文化遗迹的调查，是对时代人文精神的体验。应当说，正是通过这样的行旅历程，他才一步步接近了历史的真相，一步步攀登上文化的高峰。

明代大旅行家徐弘祖和他的《徐霞客游记》，在中国文化史上占有重要的地位。他从二十二岁开始游历各地名山大川、奇峰险峪，历时三十余年。明代的两京十三布政司，他只有四川没有行历，足迹遍及现今的十九个省区。他总结自己的行旅见闻而写成的《徐霞客游记》，不仅是一部行旅札记，也被看作一部地学百科全书。其中对于石灰岩溶蚀地貌的系统记述，是世界上最早的关于这种地貌的研究考察的记录。他对于地方历史民俗的调查成果，也被记载在这部书中。《徐霞客游记》的原稿大部分已经散失，今本四十余万字，据说只有他当时日记总篇幅的1/6。钱谦益的《徐霞客传》写道，他出行时，随身只跟从一个奴仆，或者一位僧人，手携一杖，带一副襆被，可以忍饥数日，能够徒步连续行走数百里。登凌绝壁，穿行丛林，"攀援上下，悬度绠汲，捷如青猿，健如黄犊。以釜岩为床席，以溪涧为饮沐"，以山中猿猴为伴侣。平时沉默寡言，然而"与之论山经，辨水脉，搜讨形胜，则划然心开"，平时旅途之中，"行游约数百里，就破壁枯树，爇松拾穗，走笔为记，如甲乙之簿，如丹青之画，虽才笔之士，无以加也"。

他把全部身心都投入行旅实践中，然而也正是行旅生活使得他的才智得以焕发，使得他的生命放射出科学的光辉。

明末清初的著名思想家顾炎武，也是一位通过行旅生活成就大学问的学界伟人。他曾经这样谈到行旅对于学业的作用："人之为学，不日进则日退。独学无友，则孤陋而难成。久处一方，则习染而不自觉。"如果不幸而困居在穷僻之域，又没有车马之资，仍然应当博学审问，但是对于书中是非的真切认识，大概只能得十之五六。如果既不出户，又不读书，则成为孤陋闭塞的"面墙之士"，即使道德修养达到贤良的高度，最终也"无济于天下"（《与人书一》）。这种重视以交往增长学问的见解，体现出具有崭新价值的学术思想。他有"仲尼一旅人，栖栖去齐卫"（《寄弟纾及友人江南》）的诗句，竟然从一位"旅人"的角度认定"圣人"孔子的文化地位。全祖望在《亭林先生神道表》中这样写道，亭林先生（顾炎武）出游时，往往以二马二骡，载书自随。所至险隘关塞之处，就请教老兵退卒，询问其往日战事的曲折。有时有与平日所闻不相符合的情形，就广求书籍认真进行核证。他的重要学术名著如《日知录》等，大多是在这样的条件下，经过行旅中的调查而写成的。

学人行旅"载书自随"，已经形成一种行为惯例。如杜甫诗所谓"飘零仍百里，消渴已三年，雄剑鸣开匣，群书满系船"（《秋日夔州咏怀奉寄郑监李宾客一百韵》），以及顾炎武诗所谓"常把《汉书》挂牛角"(《蓟门送子德归关中》)等,都说到这样的事实。

他们就是这样,一方面通过行旅生活丰富了自身的精神世界,增益了文化积累,另一方面,又以足履游历与心灵游历的结合,使行旅生活本身也具有了浓郁的文化韵味。

2. 旅宦生涯:区区牛马走,趋驰名利牵

从秦汉时期大一统的专制主义政体确立之后,官僚政治作为中国社会主体构架长期不再动摇。所谓"六合之内,皇帝之土",要"经理宇内""远迩同度"(《史记·秦始皇本纪》),当然要依靠吏制的完备。

自秦汉时期起,中央政府已经注重从各地选用人才从事国家行政的管理,地方官吏也往往由最高统治集团任免。官员的调任迁转,不仅相对较为频繁,而且常常辗转千里,历程辽远。史籍中所见官僚履历,大多历任数职,转仕于各地。这样的情形对于文化结构的形式无疑有着积极的影响。正如有的学者曾经指出的,"汉代的官吏士大夫阶级的人多半走过很多的地方,对于'天下'知道得较清楚,对于统一的信念也较深。这一点不仅影响到当时人政治生活心理的健康,而且能够加强了全国

文化的统一性"[1]。

对于从政人员本人来说，这样的形势则使得行旅自然成为他们社会生活中的重要的内容之一。

汉代官员已经有自称"牛马走"的习用文语。司马迁的《报任少卿书》开篇即称"太史公牛马走司马迁再拜言少卿足下"。《文选》李善注解释说，"走，犹仆也"，"自谦之辞也"。有的学者以为，"牛马走"应当就是"先马走"。钱锺书先生指出，"先马走"，犹如后世所谓"马前走卒"，"即同书札中自谦之称'下走''仆'耳"[2]。"牛马走""先马走"，都强调其奔波劳碌。事实上，如牛马一般为君王驱役，千里奔走，不避风尘，是在专制帝国各级行政机构中服务的官员们生活方式的基本特色之一。所谓"自怜牛马走"（〔唐〕李宣远：《近无西耗》），"仆仆牛马走"（《明史·文苑列传三·何良俊》）等文句，都反映出他们对这种生活特征的自我意识。

明末人范景文出身吴桥（今河北吴桥），登万历四十一年（公元1613年）进士后，授东昌（今山东聊城）

---

[1] 孙毓棠：《汉代的交通》，《中国社会经济史集刊》第七卷第二期，收入《孙毓棠学术论文集》，中华书局1995年版，第367-368页。
[2] 钱锺书：《管锥编》第一册，中华书局1979年版，第395页。

推官，崇祯年间，除任为京官，至于兵部尚书、工部尚书，又曾经"巡抚河南"，"起南京右都御史"。在明末大规模的社会动乱中，曾经率兵"勤王"，在涿州及昌平、通州一带驻守练兵。又"屡遣兵戍池河（今安徽池河）、浦口（今江苏江浦），援庐州（今安徽合肥），扼滁阳（今安徽滁州附近）"（《明史·范景文传》）。他在《北吴歌和王退如使君序》曾经写道："一行作吏，日事远游，到家反似客。"这种说法，应当是基本如实反映了中国古代官吏生活的现实的。

白居易曾经以"昔为烟霄侣，今作泥涂吏"（《感秋怀微之》）的诗句，对比为吏前后由潇洒悠闲到辛苦奔忙的生活方式的显著变化。"泥涂吏"一语，可以比较真切地体现官吏行旅生活的艰辛。对于这种生活隐怀惆怅之心的表露，又见于所谓"可怜趋走吏，尘土满青袍"。（《权摄昭应早秋书事寄元拾遗兼呈李司录》）以及所谓"分散骨肉恋，趋驰名利牵。一奔尘埃马，一泛风波船"（《寄江南兄弟》）等。这位著名诗人为官四十多年，先后为七位皇帝服务，除长期在长安任职外，又先后在忠州（今四川忠县）、杭州（今浙江杭州）、苏州（今江苏苏州）、河南府（今河南洛阳）、冯翊（今陕西大荔）以及江州（今江西九江）等地担任地方官职。

游宦生涯的苦辛滋味，还发生于对于其行旅过程的严格的时限要求。宋人晁补之《初望庐山》诗写道："宦程正迫西风急，未是庐山伫足人。"明人高叔嗣的《再过紫岩寺》诗也写道："宦味同鸡肋，官程任马蹄。"所谓"宦程""官程"的规定，使得吏人不得不疾行急驶，"挥汗红尘中，但随马蹄翻"（苏轼：《孙巨源》）。

官吏一旦踏上从政的行旅之路，就不得不背井离乡，在所谓"宦辙一朝分，相望万里阻"（〔清〕赵翼：《树斋述庵奉使秦邮别后却寄》）的情况下，暂时相对冷却对于故土和亲族的情思。不过，这种心理转化却极其艰难，以致在他们的行旅生活中，"宦情"与"乡思"始终相互交织萦绕，形成如同所谓"宦情羁思共凄凄，春半如秋意转迷"（柳宗元：《柳州二月榕叶落尽偶题》）那样的心理矛盾。例如，我们在许多兼为吏人的诗人的作品中，可以读到这样的诗句：

宦情抖擞随尘去，乡思销磨逐日无。（白居易：《答州民》）

宦情薄似纸，乡思急于弦。（白居易：《忆洛中所居》）

> 宦情薄似秋蝉翼，乡思多于春蚕丝。(陆游：《宿武连县驿》)

使得宦游之人旅情最为愁苦凄怆的，自然是因过失或犯罪而受到贬谪放逐的遭遇。面对这种境遇，即使豪放旷达如李白，也曾经留下极其伤感的诗句。在流放途中路经三峡时，他曾作《上三峡》诗，其中写道："巫山夹青天，巴水流若兹。巴水忽可尽，青天无到时。三朝上黄牛，三暮行太迟。三朝又三暮，不觉鬓成丝。"所谓"青天无到时""不觉鬓成丝"所表露的沉痛的绝望，与他另一次出三峡时"两岸猿声啼不住，轻舟已过万重山"的得意神情，形成了何等鲜明的对照！此外，又如所谓"鸟去天路长，人愁春光短"(《流夜郎至西塞驿寄裴隐》)，"远别泪空尽，长愁心已摧"(《赠别郑判官》)，也体现出即使再坚强的个性，一旦流落为贬黜之吏、流迁之徒，经历这种特殊的行旅生活，也难免骏骨销铄、壮心摧折。

唐宪宗元和十四年（公元819年），刑部侍郎韩愈因谏止遣使往凤翔迎佛骨事，贬任潮州刺史。他在行经秦岭蓝桥河谷地的蓝关（或说即峣关）时，曾经作《左迁至蓝关示侄孙湘》诗：

> 一封朝奏九重天，夕贬潮阳路八千。
>
> 欲为圣明除弊事，肯将衰朽惜残年。
>
> 云横秦岭家何在？雪拥蓝关马不前。
>
> 知汝远来应有意，好收吾骨瘴江边。

这是一篇谪臣行旅诗的代表作。有人认为，诗中自陈"不肯自毁其道以从于邪之意"，并没有"怨怼"，也没有"悲伤"（〔清〕何焯：《义门读书记》卷三〇）。然而刚刚行至秦岭山区，就已有"雪拥蓝关"、骨收"瘴江"诸句，仍明显表现出一种沉郁忧悒的心情。韩愈于此继续前行一二日路程，又作《武关西逢配流吐蕃》诗，写到在武关以西路遇流放途中的吐蕃战俘，说他们配流"地近"，不必"惨然"，相比之下，"我今罪重无归望，直去长安路八千"。如果说其心情绝无"悲伤"，恐怕是不尽客观的。

长期以来，正如所谓"衰疲远谪，人皆知其难堪；亲爱生离，闻者为之太息"（〔宋〕吕惠卿：《建宁军节度使谢表》），贬谪远僻之地，久已成为社会公认的最为凄楚苦痛的事情。

范仲淹的名作《岳阳楼记》写道，岳阳"北通巫峡，南极潇湘，迁客骚人，多会于此"，而"览物之情"，各自有异。"若夫霪雨霏霏，连月不开，阴风怒号，浊浪排空，日星隐曜，山岳潜形，商旅不行，樯倾楫摧，薄暮冥冥，虎啸猿啼。登斯楼也，则有去国怀乡，忧谗畏讥，满目萧然，感极而悲者矣。"谪行罪迁之人临山川景物，自然多有"满目萧然，感极而悲者"。"去国怀乡，忧谗畏讥"情感的滋生，实不必待"霪雨""阴风"。范仲淹又写道："至若春和景明，波澜不惊，上下天光，一碧万顷，沙鸥翔集，锦鳞游泳，岸芷汀兰，郁郁青青。而或长烟一空，皓月千里，浮光跃金，静影沉璧，渔歌互答，此乐何极！登斯楼也，则有心旷神怡，宠辱皆忘，把酒临风，其喜洋洋者矣。"其实，"把酒临风，其喜洋洋者"，一般是行进在升迁途中的官僚们怡然自得的自然情态。行旅生活中其骄盈之心的流露，也并非一定要面对"春和景明""渔歌互答"的情景。

3. 游贾事业：周流天下，无所不至

旧时经商人家常贴这样的楹联："生意兴隆通四海，财源茂盛达三江。"即把"生意兴隆"同通达"四海""三江"相联系。

以经商为生计的贾人，确实是以最旺盛的精力和最饱满的热情往来于行旅之途的。

司马迁在《史记·货殖列传》中说到"天下熙熙，皆为利来；天下攘攘，皆为利往"的为趋利、逐利而辛苦奔

忙的世态民情,这方面最典型的例证就是商人的活动。

在司马迁所处的时代,已经出现"转毂以百数,贾郡国,无所不至",从而取得经济成功的商贾。由于当时政府为恢复经济所实行的特殊的政策,"是以富商大贾周流天下,交易之物莫不通"。这些"富商大贾"不仅取得影响社会经济的实力,而且实际上又在一定程度上引导着社会风习的方向。"抑商"政策往往与"禁奢侈"相联系,原因正在这里。尽管政府一次次推行打击商人的政策,他们仍然以顽强的意志活跃在社会生活中。就行旅生活方式而言,他们"千里游敖,冠盖相望,乘坚策肥"(《汉书·食货志上》)的行旅活动,对于民间所谓"牛马车舆,填塞道路"(王符:《潜夫论·浮侈》)等社会现象的形成,也有一定的前导性的作用。

"商人重利轻别离"(白居易:《琵琶行》),体现出这一社会阶层中人们的特殊性格,以及他们对于行旅生活的特殊态度。

元稹的《估客乐》诗写到他们追逐市利而出行不辞远、离别不厌久的生活习性:"估客无住着,有利身即行。出门求火伴,入户辞父兄。""一解市头语,便无乡里情。"为了转贩求利,行旅几乎无所不至:"求珠驾沧海,采玉上荆衡。北买党项马,西擒吐蕃鹦。炎洲布火浣,蜀地锦

长江行船（明崇祯刊本《咏怀堂新编十错认春灯谜记》插图）

织成。越婢脂肉滑,奚僮眉眼明。通算衣食费,不计远近程。经游天下遍,却到长安城。城中东西市,闻客次第迎。迎客兼说客,多财为势倾。"

唐代诗人张籍的《贾客乐》诗,又说到商贾行旅生活较为具体的内容:

> 金陵向西贾客多,船中生长乐风波。
> 欲发移船近江口,船头祭神各浇酒。
> 停杯共说远行期,入蜀经蛮远别离。
> 金多众中为上客,夜夜算缗眠独迟。
> 秋江初月猩猩语,孤帆夜发满湘渚。
> 水工持楫防暗滩,直过山边及前侣。
> 年年逐利西复东,姓名不在县籍中。
> 农夫税多长辛苦,弃业长为贩卖翁。

这种行旅生活虽然往往可以和暴利相联系,然而从某种意义上说,其"辛苦"的程度可能并不减于其他行业,而他们所面临的风险,则又是许多人难以承当的。刘驾《贾客词》中的有关内容,就反映了这样的事实:

> 贾客灯下起,犹言发已迟。

> 高山有疾路，暗行终不疑。
> 寇盗伏其路，猛兽来相迫。
> 金玉四散去，空囊委路歧。
> 扬州有大宅，白骨无地归。
> 少妇当此日，对镜弄花枝。

贾人晓夜启程，还说出发已晚，黑暗中行进于高山捷径，为赶行程而不避险僻。不幸遇"寇盗"袭击，"猛兽"追赶。于是"金玉"损失净尽，行囊委弃于路。故乡的家中虽然有大宅娇妻，而旅人已经成为"白骨"，再也寻觅不到回归之路了。

旅人的精神寄寓

中国古代行旅者之苦与乐、悲与欢,恰如双足相互交替着迈进,在中国文化史的进程中留下了印迹。

孔子说:"父母在,不远游,游必有方。"(《论语·里仁》)《礼记》也有"出必告,反必面,所游必有常"(《曲礼上》),以及"出不易方,复不过时"(《玉藻》)等内容,同样强调出行的路程限制和时间限制。《老子》书中也曾经提出"不出户,知天下"以及"其出弥远,其知弥近"的文化规范,主张不出房门而认识世界,以为出行越远阔,其见识反而越短近。

在这样的文化传统的作用下,行旅生活所受到的局限可以想见。

在中国古代,传统世俗观念对于游子的歧视是十分明显的。所谓"国无游人"(《后汉书·荀悦传》),"乡无游手"(《晋书·食货志》),被看作理想社会的标志。于是,行旅之人在克服行途中各种险阻的同时,还必须战胜心理上的许多羁绁。

那么，当古人在行旅生活中为艰险劳累所摧折，为乡思离绪所牵萦，为悲辛愁怨所压抑时，他们用什么方式来排遣忧悒与畏沮之心，从而以乐观的情怀和豪健的步履完成漫长的行程呢？

曹丕《善哉行》诗所谓"策我良马，被我轻裘；载驰载驱，聊以忘忧"，是以行旅本身的乐趣，排遣心中的苦闷。此外，又有若干其他的形式使行旅之人的精神可以避开种种消极的烦恼而有所寄寓。

1. 家园忘却酒为乡

考察古人的行旅生活，自然会注意到他们每每以"酒"为行侣的传统风习。

《史记·高祖本纪》中记载，刘邦以亭长身份为沛县（今江苏沛县）往秦始皇陵骊山输送服徭役的劳工，途中，这些役人纷纷逃亡，估计等最终到达目的地时，将全数逃亡，于是当走到丰县（今江苏丰县）以西的低泽之地时，就停止行进，饮酒，并且在当夜释放了所有被输送的徒众，对他们说："你们都可以离去，我从此也将踏上流亡之路。"徒众中有十余人自愿追随刘邦。刘邦乘酒力夜行于泽中，令一人前行。前行者回报说："前方有大蛇横挡在路中，我们是不是应当返回？"刘邦已醉，说道：

"壮士行路，有什么可畏惧的！"于是奋然前行，拔剑斩蛇，把它截为两段，道路因而得以开通。又前行数里，终于醉倒。行走在后边的人来到刘邦斩蛇之处，看到一个老妇人在哭泣。问她为什么哭，她说："我的儿子是白帝子，化身为蛇，横于路中，今为赤帝子斩杀，因而悲伤哭泣。"老妇人说完就隐身而去。后行者告诉已经酒醒的刘邦。刘邦从此自恃不凡，众人也日益敬畏他的神威。

刘邦斩蛇的传说，可以提供关于行旅途中饮酒的典型事例。酒，大约在旅途中有减轻劳顿、消释忧愁的特殊作用。至于在行旅中制造刘邦为"赤帝子"这种政治迷信，也体现出酒的神奇效力。

杜甫曾作《不见》诗，以"敏捷诗千首，飘零酒一杯"的名句概括李白的一生。与行旅历程相始终的"飘零"同"酒"的关系，显然是值得重视的现象。李白也曾经写道："且就洞庭赊月色，将船买酒白云边。"（《游洞庭五首》其二）此外，又如：

> 长剑一杯酒，男儿方寸心。（《赠崔侍御》其二）
> 人分千里外，兴在一杯中。（《江夏别宋之悌》）
> 莫惜连船沽美酒，千金一掷买春芳。（《自汉阳病酒归寄王明府》）

酒，并不仅只用以浇洗行旅愁思，也被用来壮"男儿"之志，助行旅之"兴"。

杜甫的名作《闻官军收河南河北》诗关于回归中原的行程计划，也写道：

> 白日放歌须纵酒，青春作伴好还乡。
> 即从巴峡穿巫峡，便下襄阳向洛阳。

"青春作伴好还乡"所谓"青春"，已经有学者指出，是指"酒"。杜诗所谓"邀我尝春酒"（《遭田父泥饮美严中丞》）、"重碧拈春酒"（《宴戎州杨使君东楼》）、"春酒渐多添"（《入宅三首》其一）、"春酒杯浓琥珀薄"（《郑驸马宅宴洞中》）等名句，以及他时常使用的"春醪""春酎""春杯"等语汇，或许也可以作为例证。

白居易的《送客南迁》诗警告南行者"秋瘴""山鬼""蚊蚋""水虫"将导致行旅的"困苦"。当遭遇"飓风千里黑"时，情形更为危急。那么，旅途中"谁人劝言笑，何计慰漂零"呢？诗人写道："慎勿琴离膝，长须酒满瓶。大都从此去，宜醉不宜醒。"他以为"家园忘却酒为乡"（《送萧处士游黔南》）是行旅途中一般的心理寄托形式。

2. 弦管笙歌销客愁

白居易的行旅诗中，除以"酒"为旅伴之外，又强调当"琴"不"离膝"，此外，还可以看到有"弦管"与"笙歌"相随的情形。例如："花共垂鞭看，杯多并辔倾。笙歌与谈笑，随分自将行"（《从陕至东京》），"家僮解弦管，骑从携杯杓。时向春风前，歇鞍开一酌。"（《西行》）

客舍酒家又有以女乐酬客的传统，行旅之人于是可以畅饮狂歌，暂时斩断思乡的愁绪，忘却旅途的艰辛。如岑参的《邯郸客舍歌》所写到的："客舍门临漳水边，垂杨下系钓鱼船。邯郸女儿夜沽酒，对客挑灯夸数钱。酩酊醉时月正午，一曲狂歌垆上眠。"又如《冀州客舍酒酣贻王绮寄题南楼》诗也曾经写道："客舍梨花繁，深花隐鸣鸠。南邻新酒热，有女弹箜篌。醉后或狂歌，酒醒满离忧。"

至于所谓"冶服看疑画，妆楼望似春；高车勿遽返，长袖欲相亲"（〔唐〕卢照邻：《益州城西张超亭观妓》），"南弦北管不同乡，今日吹弹共一场"，"莫道巫山多少路，美人只隔一帘中"（〔明〕周蓼恤：《秦淮竹枝词》），以及"三层楼下客停舟，楼上鹍弦荡客愁；隔岸一声新水调，媵人犹是眼波秋"（〔明〕郝璧：《广陵竹枝词》）等，则别有另外的意味。《景德传灯录》记载，长芦应天禅师至一邸，有娼女为母所迫，入其房，不去。为行人旅客提供这类服

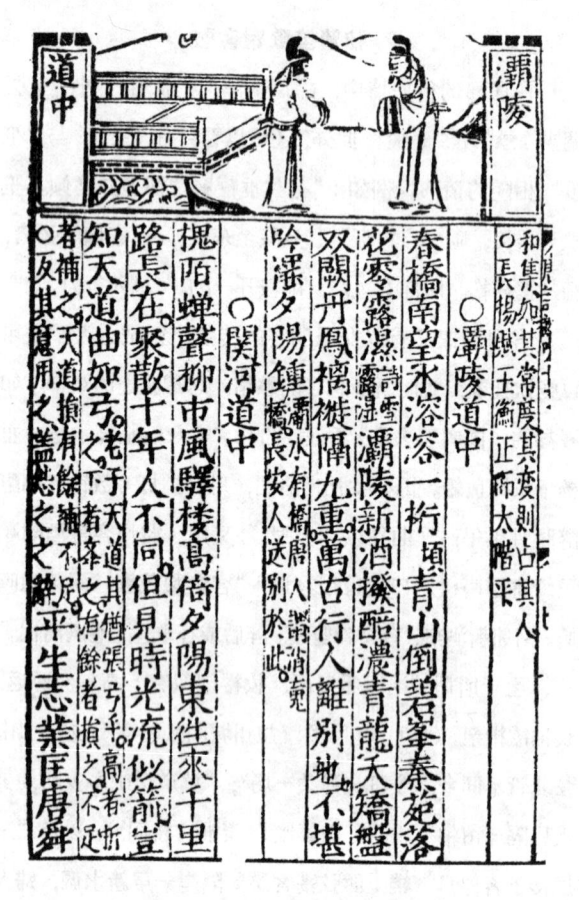

和集如其常陵其變則占其人
長楊獵玉衞正而太階平

○灞陵道中

春橋南望水溶溶一桁青山倒碧峯秦苑落
花寒露濕滻湮灞陵新酒撥醅濃青龍天矯盤
雙闕丹鳳櫛梳隔九重萬古行人離別地不堪
吟澒夕陽鍾

○関河道中

槐陌蟬聲柳市風驛樓高倚夕陽東徃來千里
路長在聚散十年人不同但見時光流似箭豈
知天道曲如弓

○灞水有橋贈人辭別處
○橋長安人送別於此

《唐诗鼓吹》中收录的《灞陵道中》

务的情形，古代是相当普遍的。

行旅生活中当然也可能有真正值得珍重的情感经历。反映历代社会生活的古典文学作品中，多有颇具美好情致的有关内容。人们所最为熟知的，有"红拂女"传奇和"西厢记"故事。

游览山湖，凭吊古迹，是行旅生活中必然的娱神赏心的活动。更为普及的行旅消遣方式，又有许多游艺类别。元人姚文奂《竹枝词》描写"晚凉船过柳洲东"时的游戏："剥将莲肉猜拳子，玉手双开各赌空。"《太平御览》卷七二六引《三国典略》说到这样一个故事：周文育任南海令，一次北行，至大庾岭，遇一卜者。卜者说："君如果北行，做官不过县令而已，如果南行则可以贵为公侯。"文育说：日常资钱充足就可以了，我并不奢望公侯之事。卜人则又说："君须臾之间当暴得银至二千两，如果不相信我的话，不妨可以此为验。"当晚宿于逆旅之中，有贾人主动与文育赌博，文育胜之，果然"得银二千两"。周文育于是相信卜者关于其政治前程的预言，决心转而南行。

"邯郸女儿夜沽酒，对客挑灯夸数钱"的诗句中所谓"数钱"，或许与《续汉书·五行志一》中记载的汉桓帝时京都童谣"河间姹女工数钱"的"数钱"有关，可能是一种赌博形式。行旅途中赌博的例子，又见于杜甫《夔州歌十绝句》其七：

> 蜀麻吴盐自古通，万斛之舟行若风。
> 长年三老长歌里，白昼摊钱高浪中。

有人"长歌"以排遣辛劳，有人"摊钱"以消磨时光。"摊钱"，当是一种用钱猜射的赌博形式。《后汉书·梁冀传》说梁冀能"意钱之戏"。李贤的注释引述南朝宋人何承天《纂文》说："'诡亿'，一曰'射意'，一曰'射数'，皆摊钱也。"陆游《入蜀记》卷五也写道："因问何谓'摊钱'？云：博也。"宋人曾季貍在《艇斋诗话》中也写道："摊钱，今摊赌也。"行旅生活中赌博的风行，自然主要受当时社会生活习俗的影响，但是很可能也与行旅过程本身前途未卜、风波难测的情况有关。

3. 客舟唱咏与驿壁题诗

客舟唱咏与驿壁题诗，是文人行旅中极其惯见的事。杜甫《秋日夔州咏怀寄郑监李宾客一百韵》诗中写道：

> 东郡时题壁，南湖日扣舷。
> 远游临绝境，佳句染华笺。

"扣舷""题壁",已经成为行旅活动中最普遍的文化生活形式。"染翰聊题壁,倾壶一解颜"(〔唐〕孟浩然:《秋登张明府海亭》),行旅的悲欢,都能够由此得以展抒。

题壁,是古代行旅中的文化人抒发胸怀、交流情感的一种特殊形式。杜甫《岳麓山道林二寺行》诗曾写到临视壁上宋之问题诗遗迹时的感受:"宋公放逐曾题壁,物色分留与老夫。"白居易贬官南下时,在沿途驿馆得见友人元稹往日旧题,感触良深,于是作《蓝桥驿见元九诗》:"蓝桥春雪君归日,秦岭秋风我去时。每到驿亭先下马,循墙绕柱觅君诗。"他行至武关以南,又读到元稹所题《山石榴花》诗,感叹路途虽同而时光迥异,诗句尚存而山花凋谢,于是写道:"往来同路不同时,前后相思两不知。行过关门三四里,榴花不见见君诗。"(《武关南见元九题写山石榴花见寄》)

商州南十里,有水名"寿泉"者在山店前流过,白居易曾经在这里与杨九相别,"寒波与老泪,此地共潺湲"。六年之后,他重经此地,又在店壁题诗,并且希望杨九再次行经这里时,可以读到他的这些诗句:"一去历万里,再来经六年。形容已变改,处所犹依然。他日君过此,殷勤吟此篇。"(《重过寿泉忆与杨九别时因题店壁》)

题壁诗超越时间与空间的隔限而实现情感交会的作

用,可以说形成了中国文化史的特色之一。

至于陆游诗中所谓"山腰细栈移新路,驿壁流尘暗旧题"(《感昔》),"道左忽逢曾宿驿,壁间闲看旧留题"(《客怀》),则是另一种情形,诗人自吟往日壁题,难免感昔怀旧。驿壁题诗,于是又具有人生道路上里程纪念的意义。

杜甫诗所写到的"远游临绝境,佳句染华笺",说明了一种带有规律性的文化现象。新鲜生动、丰富多彩的行旅生活,可以激发才华,使文思兴奋。贾岛《酬慈恩寺文郁上人》诗写道:"闻说又寻南岳去,无端诗思忽然生。"萨都剌《过五溪》和《重过九华山》诗也写道:"爱山不厌马行迟""行尽江南都是诗"。宋人孙光宪《北梦琐言》卷七又可以看到这样的对话,或问:"近有新诗否?"答曰:"诗在灞桥风雪中驴子上。"也可以说明这一事实。行旅中,山川风云又可以使行旅者获得难以估价的精神洗练。游历山川,可以开阔游历者的胸怀,充实他们的心域,感染他们的品性,激发他们的才智,使他们的文化创造达到新的境界。

软脚·洗尘·接风

行旅抵达终点时,民间往往有相应的仪礼,作为行旅过程的结束。

唐玄宗当政时,杨国忠、杨玉环兄妹备受宠爱。天子临幸杨国忠的府第,一定过访诸杨五家。又往往五家合队,扈从天子游历骊山。远近赏赐无可计数,珍宝歌女,相望于道。出行时的赐送,称作"饯路",归返时的慰劳,则称作"软脚"(《旧唐书·杨国忠传》)。《开天传信记》中也可以看到这样的记载,"明皇幸杨国忠第,出有'饮饯',还有'软脚'。"据说平定安史之乱功勋卓著的郭子仪自同州返回京都时,唐代宗也曾令朝中大臣"就宅作'软脚局'",人均出钱"三百千"(〔宋〕孔平仲:《孔氏谈苑》卷五)。敦煌变文《捉季布传文》也写道,汉高祖"差朱解为齐使","骣马摇鞭"涉风尘,"不经旬日归朝阙"之后,"归宅亲故来'软脚',开筵列馔广铺陈"。

宋代以后,民间也普遍把慰劳行旅远归者的仪礼称为"软脚"。苏轼所作《答吕梁仲屯田》诗有"还须更置

'软脚酒'，为君击鼓行金樽"的诗句。陈与义的《赠漳州守綦叔厚》诗中也写道："绳床相对有今日，剩醉斋中'软脚春'。"又有自注说，漳州守綦叔厚"蒙犯霜雪"，于十二月到郡，恰好公库新造的腊酒酿成，于是命名为"软脚春"，用意在于借取郭子仪"软脚局"的说法以寄寓热情迎接远客的诚意。唐庚《舍弟书约今秋到此》诗所谓"'软脚'定中秋"，也用"软脚"来指欢迎行旅之人的酒宴。

"软脚"之称的直接意义，原本可能是说让旅人疲惫的行脚得以休息放松，如余阙《赠刘禹玉》诗所谓"聊憩四海脚"。"软"，本身又与"馂"有意义接近之处，于是又曲折具有饷食即用饮食慰劳款待的含义，如苏轼《浣溪沙·徐门石潭谢雨道上作》其三写道："垂白杖藜抬醉眼，捋青捣麨软饥肠。"那么，"软脚"的"软"，从某一角度看，或许也有与"软饥肠"的"软"大致类同的意义。

直到清代，民间依然通行以"软脚"迎接旅人的说法。例如和邦额《夜谭随录》中"白萍"题下写道："女设馔，为作'软脚局'，相得愈欢。"又如赵翼《到扬州沈既堂前辈留饮话别》诗中，也可以看到所谓："一尊'软脚筵'，不觉成久坐。"而钱谦益的《夏日宴新乐小侯》诗中也有这样的诗句："'软脚筵'开乐句和，濯龙吐凤客骈罗。"此外，又如厉鹗《寒食日同穆门西颢集湖上》诗："冷食正宜供'软脚',几年相见各华颠。"也是当时"软脚"之说颇为普及的例证。

宴请刚刚经历了长途行旅生活的客人,这种民俗,民间更普遍地称之为"洗尘"或"接风"。

苏轼《和钱穆父送别并求顿递酒》诗写道:"伫闻东府开宾阁,便乞西湖'洗塞尘'。"《水浒传》第三十三回《宋江夜看小鳌山 花荣大闹清风寨》说,宋江来到清风镇花荣驻地,彼此拜见之后,花荣"请宋江更换衣裳鞋袜,香汤沐浴,在后堂安排筵席'洗尘'"。又如《儒林外史》第一回《说楔子敷陈大义 借名流隐括全文》也写道:"(王冕)拜谢了秦老,秦老又备酒与他'洗尘'。"清人翟颢《通俗编》卷九《仪节》有"洗尘"条,其中写道,《元典章》记载,元世祖至元二十一年(公元1284年)曾颁布法令,严禁政府官员"因送路、洗尘,受人礼物"。翟颢写道,凡公家或私人值远程行旅的客人刚刚抵达时,或者设酒宴饮,或者赠送礼物,称之为"洗尘"。

"洗尘"一说最初的由来,或许源于因为行旅必然多蒙风尘,需要洗濯。

在中国古代,一般多把所谓"蒙尘于外"(《左传·僖公二十四年》)、"蒙尘路次"(《世说新语·言语》)看作人生苦难。汉武帝《郊祀歌·练时日》想象神仙行旅情形:"灵之来，神哉沛，先以雨，般裔裔。"唐代学者颜师古解释说，所谓"先以雨"，是说神仙在准备出发行旅时，令"雨"作为出行的"先驱"。另外，《朝陇首》篇也有"腾雨师，洒路陂"的词句。颜师古的注释也说，是让"雨师洒道"。洒道，是防止行旅途中土路扬尘的措施。神仙行旅要"先以雨"，说明古人关于神仙生活的幻想并不能超越现世具体的交通条件。《朝陇首》据说为汉武帝于元狩元年（公元前122年）临幸雍地时所作。"雨师洒道"的想象，说明汉武帝虽然贵为天子，在当时的交通条件下，他的行旅仍然不能避免"蒙尘"的苦恼。

"洗尘"，或许正是因此而成为行旅过程终结的一种象征。

"洗尘"这种象征洗除行旅风尘的民间礼俗，《红楼梦》第十六回《贾元春才选凤藻宫　秦鲸卿夭逝黄泉路》又写作"掸尘"：贾琏远路归来，凤姐笑道："国舅老爷大喜！国舅老爷一路风尘辛苦！小的听见昨日的头起报马来报，说今日大驾归府，略预备了一杯水酒'掸尘'，不知可赐光谬领否？"

"洗尘"，有时又称作"洗泥"。苏轼作品可见所谓"多买黄封作'洗泥'，使君来自陇山西"（《次韵钱穆父马上寄蒋颖叔》）的诗句。当时宫廷酿酒用黄罗帕封盖，因而称作"黄封"。"黄封"后来又被用以泛指各种美酒。又《大宋宣和遗事》前集卷下也写道:"这人是李师师的一个哥哥,在西京洛阳住,多年不相见,来几日,也不曾为洗尘,今日办了几杯淡酒,与'洗泥'则个。"《水浒传》第七十二回《柴进簪花入禁院　李逵元夜闹东京》也可以看到这样的内容,李师师道"其实不敢相留。来日驾幸上清宫,必然不来。却请诸位到此,少叙三杯,以'洗泥尘'"。

明人张存绅《雅俗稽言》卷一七有"洗泥"条,其中说道:

> 凡朝臣出有赐,曰"饯路";反有劳,曰"软脚"。方言有"洗泥酒"。东坡云"多买黄封作'洗泥'"是也。今俗凡于人出曰"饯程",反曰"接风"。杨文贞因陈司业入京,贻诗云:"下马须'湔洗',呼儿送一壶。"亦用"洗泥"语。

所谓"洗泥"最初的直接意义,可能原本是指洗濯行旅途中沾染的尘泥。杜甫诗所谓"出门复入门,两脚但如旧。所向泥活活,思君令人瘦"(《九日寄岑参》),苏轼诗"两脚垂欲穿尘泥"(《与子由同游寒溪西山》)及"当门洌碧井,洗我两足泥"(《自雷适廉宿于兴廉村净行院》)等,都可以看作反映"洗泥酒"取义缘由的实例。

明人陆噽云《诸书直音世事通考》卷上又说道,招待远道行旅归来者"洗泥",又称之为"濯足"。马周初入逆旅,见数公子不顾,竟呼斗酒"濯足",众人皆为之惊异。这个故事发生在马周由曹州(今山东定陶西)、汴州(今河南开封)入关西行长安途中就宿于新丰(今陕西临潼)逆旅时,据《旧唐书·马周传》和《新唐书·马周传》的记叙,都写作"命酒一斗八升,悠然独酌"。然而我们从《喻世明言》卷五《穷马周遭际卖䭔媪》中所读到的,却是这样一个经过传说衍化的生动的故事:"马周道:'俺一路行来,没有洗脚,且讨些干净热水用用,王公道:'锅子不方便,要热水再等一会。'马周道:'既如此,先取酒来。'"王公于是按照马周的要求,"分付小二过了","一连暖五斗酒,放在桌上,摆一只大磁瓯,几碗肉菜之类。马周举瓯独酌,旁若无人。约莫吃了三斗有馀,讨个洗脚盆来,把剩下的酒,都倾在里面,蹢脱双靴,便伸脚下去洗濯。众客见了,无不惊怪。王公暗暗称奇,知其非常人也。同时岑文本画得有《马周濯足图》,后有烟波钓叟题赞于上,赞曰:'世人尚口,吾独尊足。口易兴波,足能跋陆。处下不倾,千里可逐。劳重赏薄,无言忍辱。酬之以酒,慰尔仆仆。令尔忘忧,胜吾厌腹。吁嗟宾王,见超凡俗。'"

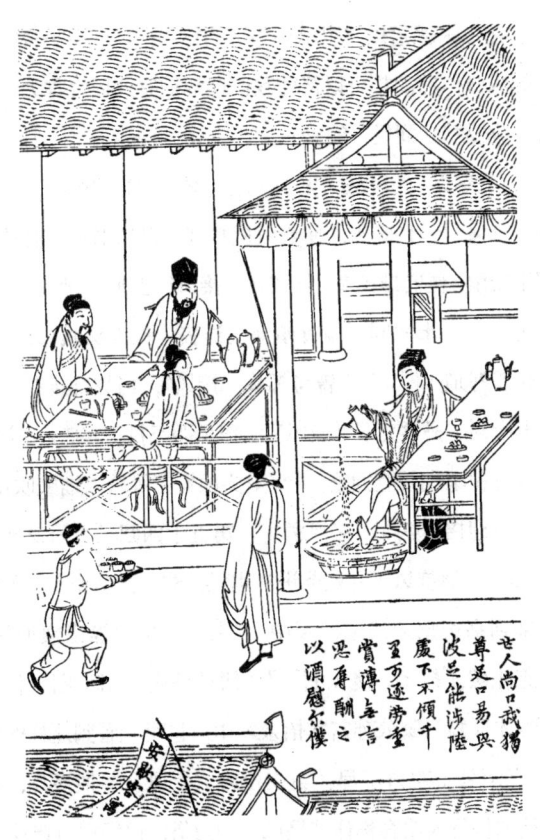

《喻世明言》插图《马周濯足图》（明代刊本）

用酒来濯足以"慰尔仆仆"的行为，虽然有小说家夸诞的成分，然而却可以帮助我们理解把宴迎远客称为"软脚""洗泥""濯足"的含义。

"接风"的说法，见于杂剧《秦修然竹坞听琴》第一折："（梁尹云）张千，便与我搬将来，打扫书房，着孩儿那里安歇，便安排酒肴，与孩儿'接风'去来。"此外，《水浒传》第二十六回《偷骨殖何九送丧　供人头武二设祭》中也曾写道："小人不曾与都头'接风'，何故反扰？"又第五十回《吴学究双掌连环记　宋公明三打祝家庄》：宋江率众打祝家庄得胜回寨，"寨里头领晁盖等众人擂鼓吹笛，下山来迎接，摆了'接风酒'。"第五十四回《入云龙斗法破高廉　黑旋风下井救柴进》也说，戴宗、李逵、公孙胜等来到高唐州前线宋江军中，"宋江、吴用等出寨迎接，各施礼罢，摆了'接风酒'。"《儒林外史》第十回《鲁翰林怜才择婿　蘧公孙富室招亲》中，也可以看到这样的内容："两公子欢喜不尽，当夜设席'接风'。"很显然，民间把款待行人旅客称作"接风"的习俗，已经相当普及。

通过《红楼梦》中的有关记述，可以了解曹雪芹所生活的时代民间"接风"礼俗的流行。

《红楼梦》第四回《薄命女偏逢薄命郎　葫芦僧乱判葫芦案》说到薛蟠一家由金陵入都，"在路不计其日"，终于来到京中的情形:"忽家人报:'姨太太带了哥儿姐儿合家进京,在门外下车了。'喜的王夫人忙带了人接到大厅上,将薛姨妈等接进去了。姊妹们一朝相见,悲喜交集,自不必说,叙了一番契阔,又引着拜见贾母,将人情土物各种酬献了。合家俱厮见过,又治席'接风'。"此外,第四十九回《琉璃世界白雪红梅　脂粉香娃割腥啖膻》也写道:"不如大家凑个社,又替他们'接风',又可以作诗。"又如第六十九回《弄小巧用借剑杀人　觉大限吞生金自逝》也说,贾琏往平安州办事,两个来月后回到家中,凤姐"命摆酒'接风'"。

看来,家人亲友经历行旅生活之后大都"摆酒""治席"款待,这种称作"接风"的形式,已经逐渐形成为一种礼节规范。

"接风"一语的应用,推想可能最初发生于以"风"作为交通运输动力的帆船客运开始兴起的年代。

在《警世通言》卷二一《赵太祖千里送京娘》中,又可以看到这样的细节描写,公子回身来到店家,"大盼盼的叫道:'大王即刻到了,酒家是打前站的,你'下马饭'完也未?'店家道:'都完了。'公子道:'先摆一席与洒家吃。'"大约这种同样用以"洗尘""接风"的酒食,又曾经被称作"下马饭"。

主要参考书目

1. 王倬:《交通史》,商务印书馆1923年版。
2. 瞿兑之:《汉代风俗制度史》,广业书社1928年版;又上海文艺出版社1991年版。
3. 江绍原:《中国古代旅行之研究:侧重其法术的和宗教的方面》,商务印书馆1937年版;又上海文艺出版社1989年版。
4. 白寿彝:《中国交通史》,商务印书馆1937年版;又上海书店1984年版。
5. 瞿宣颖纂辑:《中国社会史料丛钞》,商务印书馆1937年版;又上海书店1985年版。
6. 楼祖诒:《中国邮驿发达史》,中华书局1940年版。
7. 尚秉和:《历代社会风俗事物考》,商务印书馆1941年版;又岳麓书社1991年版。
8. 陈直:《文史考古论丛》,天津古籍出版社1988年版。
9. 江绍原:《中国礼俗迷信》,渤海湾出版公司1989年版。
10. 李学勤:《李学勤集》,黑龙江教育出版社1989年版。